탄탄한
독서력

읽고 사고하고 표현하는 능력을 키워주는

The Little Orange　Reading Book

탄탄한
독서력

곽동우 지음

카시오페아
Cassiopeia

왜 나는 책을 읽어도 달라지는 게 없을까?

"독서를 하는 사람들이 탁월한 이유가 무엇일까요?"

"……"

"독서하는 사람이 적기 때문입니다."

이 이야기는 오래전 내가 수업을 들을 때 선생님이 한 농담이다. 그 때는 웃고 넘어 갔지만 돌이켜 생각해보면 아주 의미심장한 말인 것 같다. 수년이 흘렀지만 '2015 국민 독서 실태 조사' 결과에서도 알 수 있듯이 독서하는 사람들이 2년 전보다 약 6%나 줄었다고 한다. 스마트폰이 나오기 전에는 전철에서 책이나 신문을 읽는 사람들이 종종 있었지만 요즘은 어른 아이 할 것 없이 모두 스마트폰을 보고 있다. 전자책을 보고 있으면 좋겠지만 주로 SNS나 게임을 하는 것이다. 하지만 이런 상황에서도 독서를 열심히 하는 사람들을 곳곳에서 만날 수 있다. 그들은 독서를 통해서 삶의 여유를 찾고 조금씩 지혜로워지고 있다고 말했다. 하지만 생각보다 그 변화가 더디고 심지어는 책을 읽어도 크게 달라지지 않는 자신의 모습에 고민이 많다고 했다. 이런 고민을 하는 것은 당연한 일이다.

우리는 이제까지 독서교육이라는 것을 체계적으로 받은 적이 없다. 그저 국어 시간에 잠깐 또는 책이나 학원에서 원론적인 내용만을 들었을 뿐이다. 이는 마치 팔을 열심히 돌리면서 중간에 한 번씩 고개를 돌려 숨을 쉬라며 수영을 가르치는 것과 다를 게 없다. 물론 많이 읽다 보면 경험이 쌓여서 스스로 독서 방법을 체득하고 원하는 변화를 만들어 갈 수도 있다. 하지만 이는 아주 똑똑하거나 운이 좋은 일부 사례일 뿐이다. 결국 사람들은 여기저기에서 배운 독서 방법을 사용하다가 자신의 독서 수준과 양이 부족하다는 결론을 내린다. 그래서 책의 질과 양에 집착하는 독서를 하게 되는 것이다. 이런 독서가들을 '대식가형 독서가'라고 부른다. 이들은 자신들이 먹어치운 책들을 자랑스럽게 나열하며 그것이 마치 독서 능력인양 자랑한다.

우리는 그들이 먹어치운 책이 아니라 책을 통해서 만들어 낸 변화에 관심을 가져야 한다. 그리고 대식가들이 건강하다고 할 수 없듯이 '대식가형 독서가'들의 독서 능력이 뛰어나다고 말하기는 어렵다. 그럼에도 불구하고 우리 사회는 대식가형 독서가를 부추기는 경향이 있다. 독서는 두꺼운 책을 누가 많이 먹어 치우는지를 경쟁하는 것이 아니다.

사람은 자기가 읽은 것으로 만들어 진다. ─마르틴 발저

인간은 백지로 태어나 교육과 독서 그리고 다양한 형태의 경험에서 쌓은 지식을 바탕으로 말하고 행동한다. 그리고 다양한 결과물로써 사회적·경제적 가치를 평가받는다. 그래서인지 우리는 보다 나은 지식을 쌓기 위해서 지출을 줄이고 빚을 얻어서라도 더 나은 교육을 받으려 한다. 그런데 왜 탁월한 인재들은 좋은 교육보다 독서를 강조하는 것일까? 왜 빌게이츠는 성공의 열쇠라는 하버드 졸업장을 던져 버리고 독서를 선택한 것일까?

교육은 짧은 시간에 필요한 정보를 얻을 수 있는 가장 효과적인 방법이다. 하지만 탁월한 인재들은 단순히 지식만으로는 부족하다는 사실을 알고 있었다. 바로 지식과 더불어 지식을 활용할 수 있는 사고력이 필요하다는 사실을 알고 있었던 것이다. 그래서 지식과 사고력을 함께 길러주는 독서를 더 강조했다. 그렇게 탁월한 인재들은 독서로 만들어진 지식과 사고력으로 자신을 변화 시키고 세상의 변화를 리드할 수 있었다.

우리는 책을 읽으며 그들이 경험한 변화를 우리도 경험하길 기대한다. 그래서 그들처럼 세상의 변화를 리드하길 원한다. 그렇게 하기 위해서는 먼저 삶의 무게에 눌려 매일 이리저리 끌려 다니는 우리 자신부터 리드해보자. 그리고 내 가족과 내가 속한 조직을 변화 시켜보자. 생을 마칠 때까지 누군가가 주는 지식과 지시를 받고 좋아하지도 않는 일을 하면서 제대로 평가조차 받지 못하는 삶을 산다면 너무 억울하지 않을까? 마르틴 발저의 말처럼 당신은 당신이 읽는 것으로 만들어진다. 오늘부터 무엇을 읽을 것인가?

당신의 삶을 리드할 것인지 삶의 무게에 질질 끌려 다닐지는 당신의 선택일 뿐이다. 그 유일한 답이 독서는 아니지만 만약 당신이 독서라는 방법을 선택한다면 앞으로 나와의 대화가 많은 도움이 될 것이다.

변화를 만드는 독서

세상에는 수많은 독서 방법이 나와 있다. 그런데 독서법을 알려 주는 사람들을 살펴보면 전문가보다는 유명한 교수, 유명한 작가, 유명한 연예인, 유명한 강사들이 많다. 유명하다고 해서 또는 책을 많이 읽는다고 해서 그들의 방법이 모두 옳다고 할 수는 없다. 특히 그들은 독서 전문가가 아니다. 그래서 그들의 개인적 독서 경험은 사람들에게 공감을 주기도 하지만 독서에 대한 오해를 낳기도 한다. 이런 이유로 이 책의 첫 장을 '독서의 오해와 진실'이라는 주제로 여러분들이 알고 있는 독서 상식에 대한 이야기로 시작했다.

다음으로 '독서의 목적과 변화를 만드는 독서에 필요한 요소'에 대해서 이야기한다. "목적이 없는 독서는 산책일 뿐이다"라는 B. 리튼의 말처럼 목적 없는 독서가 소소한 도움이 되기도 하지만 구체적인 변화를 만들기는 어렵다. 따라서 독서를 통해서 막연한 변화를 꿈꾸기 보다는 자신이 만들어 가고 싶은 변화를 구체화하는 것이 중요하다. 쉽게 이야기해서 재미라는 목적을 가지고 책을 읽게 되면 그냥 읽을 때보다 책 선정과 책을 대하는 태도가 달라지기 때문에 더 많은 재미를 얻을 수 있다. 또한 불을 피울 때 재료와 산소 그리고 발화점 이상의 온도가 필요하듯 변화를 만드는 독서에도 필요한 요소가 있다. 바로 주도성, 비전 관리, 시간 관리, 습관이다. 이런 요소들이 잘 어울리면 독서를 더욱 효과적으로 할 수 있다.

다음은 조금 난이도가 있는 '독서의 원리'다. 이 부분은 다른 독서법 책들과 차별화된 내용으로써 독서 능력 발달에 따른 '독서 발달 단계'와 독서를 통해서 변화가 만들어지는 과정을 보여주는 '독서시스템' 그리고 독서의 짝인 '사고의 비밀'을 담고 있다. 기존의 독서법들은 독서의 가치를 설명하고 자신의 독서법을 알려 주면서 실천하라고 강조한다. 하지만 각자의 수준과 능력이 다르기 때문에 그대로 적용하기는 쉽지 않다. 그래서 원리가 중요하다. 모든 기술은 원리에서 나온다. 원리를 이해하면 방법을 선택하고 변형하기가 쉽다. 즉 여러분들이 독서의 원리를 이해하면 자신에게 맞는 독서법을 선택하거나 변형할 수 있다. 뿐만 아니라 독서를 보는 눈도 훨씬 넓어 질 수 있다.

마지막으로 여러분들이 실천할 수 있는 '독서 기술'로서 가장 기초적인 '책 선택의 기술', '읽기 기술', '사고 기술', '표현 기술'을 담았다. 물론 이 기술들도 여러분들의 수준에 따라 변형해서 단계적으로 적용하는 것이 중요하다.

만약에 책을 읽었는데 어디서 어떻게 시작해야 할지 모르겠다면 보다 간단한 방법도 있다. 바로 책 한 권에서 하나의 요소를 찾아서 실천하는 것이다. 즉 책을 읽으면서 마음에 드는 하나의 문장이나 방법을 선택해서 잘 보이는 곳에 기록한다. 그리고 그것을 자주 보면서 마음을 다스리거나 실천하면 크고 작은 심신(心身)의 변화를 경험할 수 있다. 1년에 10권의 책을 읽고 10가지의 항목을 선정해서 꾸준히 실천한다면 어떨까? 분명 지금보다는 나은 자신과 만날 수 있을 것이다.

이 책을 통해서 변화를 만들지 못했던 독서를 버리고 당신이 원하는 변화를 만들어 가는 진정한 독서가 시작되길 기대해 본다. 만약에 책이 어렵거나 이해가 되지 않는 부분이 있다면 [독서전략연구소(http://cafe.naver.com/1pageworld)]에서 제공하는 '독서기술코칭' 영상강의를 참고하면 도움이 될 것이다.

PART 4 오늘부터 실천하는 독서 기술

Part 1

독서에 대한
오해와 진실

1. 독서 능력은 나이가 들면 자연히 향상된다

2. 재미없고 어려운 책도 꾸준히 읽다 보면 그 유익함을 얻을 수 있다

3. 추천 도서 또는 베스트셀러는 꼭 읽어야 한다

4. 만화책 읽기는 독서로서 가치가 없다

5. 독서를 한 후 독후감은 꼭 써야 한다

6. 독서가 창의적 인재를 만든다

7. 인문 고전만큼 유익한 책은 없다

사회가 성장하면서 해마다 독서에 대한 관심이 커지고 있다. 방송에서는 저자와의 만남, 신간 도서 소개, 기타 책 관련 이야길 나누는 프로그램이 진행되고 서점에는 독서 동기부여와 독서 방법론에 대한 책들이 쉴 새 없이 쏟아지고 있다. 우리는 이런 수많은 정보 덕분에 정규 교육과정에서 독서를 배우지는 않았지만 독서에 대해서 잘 안다고 생각하며 살아간다. 그리고 이렇게 형성된 독서 지식으로 책을 읽고 우리 아이들에게 독서를 가르치고 있다. 언뜻 보기에는 아무런 문제가 없어 보인다.

방송에서 독서 관련 정보를 제공하는 사람이나 독서법 책을 저술한 사람들의 직업을 살펴보면 참으로 다양하다. 교수, 작가, 성공한 기업인, 강사, 학습 코치, 정치인, 방송인 등 다양한 분야의 사람들이 독서에 대해 이야기한다. 이들은 독서의 유익함을 경험한 사람들로 주로 자신의 독서 경험과 방법론을 전하고 있다. 이들의 이야기는 많은 사람에게 독서의 가치를 일깨우고 독서에 대한 열정을 불러일으킨다. 하지만 이 같은 독서 정보가 오히려 혼란을 불러일으키기도 한다. 이 정보들을 살펴보면 어떤 이는 메모를 하라고 하는가 하면, 다른 이는 집중력을 방해하니 메모를 하지 말라고 한다. 정독이 좋다는 저자가 있는가 하면 중요한 부분만 골라 읽는 발췌독이 좋다는 저자도 있다. 이 같은 서로 상반된 독서 정보는 사람들에게 혼란을 준다. 그들의 이야기는 자신의 경험에서 우러나온 것으로 모두 사실이지만 그들만의 방법론을 독자들이 일반적인 방법론으로 받아들이면서 혼란이 일어나는 것이다.

아무리 훌륭한 독서법이라고 해도 모든 사람에게 적합하지는 않다. 각자의 상황과 수준 그리고 목적이 다르기 때문이다. 따라서 수많은 독서 방법 중 자신의 상황과 수준 그리고 목적에 맞는 독서 방법을 찾는 과정에 집중해야 한다. 나 또한 이런 이유로 '독

서 기술 코칭' 과정을 진행하면서 사람들에게 수업 시간에 배운 독서법들 중 버릴 것과 자신에게 적용할 것을 구분해서 자신에게 맞는 독서법을 찾아가라고 강조하고 있다.

　독서에 대한 오해와 진실을 이야기하기 전에 독서 정보에 대한 오해가 발생하는 이유를 잠깐 살펴보자. 먼저 정보를 제공하는 사람들이 전문적인 지식보다는 자신의 경험에 의존해서 단편적인 독서 정보만을 제공하기 때문이다. 독서에 대해 이야기하는 사람들을 살펴보면 대부분이 독서 전문가가 아니라 독서를 많이 한 저명 인사다. 이들은 자신만의 독서법을 찾아 자기 분야에서 긍정적인 결과를 만들었지만 그들의 독서법을 일반적인 방법론으로 보기는 어렵다. 즉 땅을 사서 부자가 된 사람의 방법이 부동산 투자의 일반론이 될 수 없는 것과 같은 이치다. 다음으로 정보를 받아들이는 사람이 전체의 정보 중 머리와 꼬리는 자르고 자신이 듣고 싶은 정보만을 듣는 경우다. 정보를 인지할 때는 전체적인 맥락을 파악하는 것이 중요하지만 대부분의 사람은 자신이 기억하고 싶고 재미있고, 인상 깊었던 내용만을 기억한다. 이런 경우 정보 제공자가 아무리 좋은 정보를 제공하더라도 인지과정에서 오해가 발생할 수밖에 없다. 여기서는 독서에 대한 수많은 오해 중 대표적인 7가지만 살펴보자.

1. 독서 능력은 나이가 들면 자연히 향상된다
독서 능력은 꾸준한 독서를 통해서만 향상된다

많은 사람이 『어린왕자』를 동화라고 생각한다. 그래서인지 주로 아이들의 필독서 항목에 들어가 있다. 하지만 이 책을 읽고 제대로 이해하는 아이들은 드물다. 주인공과 스토리가 동화적인 분위기를 풍기지만 이야기의 구조가 복잡하고 저자가 전달하려는 메시지가 쉽지 않기 때문이다. 내가 진행하는 독서 프로그램 과정에 『어린왕자』를 읽고 토론하는 시간이 있다. 수업을 위해서 학부모들이 『어린왕자』를 다시 읽고 와서는 공통적으로 '감동적이다, 재미있었다'는 이야기를 한다. 그리고 "왜 어릴 적에는 이런 감동과 재미를 얻지 못했을까"라는 의문을 던진다. 어떤 분들은 자신의 독서 능력이 어릴 적보다 많이 향상되었기 때문이라고 생각하기도 하지만 이를 독서 능력의 향상이라고 보기는 어렵다.

우리는 외부의 정보를 이해할 때 자신이 가진 정보를 바탕으로 이해하기 때문에 보통 책을 많이 읽은 사람들이 그렇지 못한 사람들보다 이해력이 뛰어나다. 보다 쉽게 설명하면 누구나 독서에 대한 보편적인 지식을 갖추고 있기 때문에 이 책을 읽으면 이해하기가 어렵지 않다. 그러나 법전(法典)은 어떨까? 아마도 이해가 쉽지 않을 것이다. 대부분 법과 관계된 일을 하지 않는 이상 법과 관련된 지식이 없기 때문이다. 이렇듯 우리는 어떤 정보를 이해함에 있어서 자신이 가진 지식의 정도에 따라 외부의 정보를 이해하는 정도가 달라진다. 결론적으로 성인이 되어 『어린왕자』를 읽고 감동을 받은 것은 어릴 때보다 배경 지식이 풍부해지면서 책을 이해하는 정도가 나아졌을 뿐 독서 능력이 향상되었다고 말하기는 어렵다.

그렇다면 독서 능력이라는 것은 어떤 것일까? 독서 능력은 크게 세 가지로 구분된다. 첫째, 자신이 소화할 수 있는 책을 선정하는 능력이다. 대부분의 사람은 자신의 소화 능력을 고려하지 않고 나이와 직책을 기준으로 책을 선정하거나 베스트셀러를 선택한다. 그렇기 때문에 책이 주는 유익함을 제대로 얻을 수 없을 뿐만 아니라 책과 깊이 있는 교감을 나누지 못한다. 둘째, 책을 파악 할 수 있는 인지 능력이다. 이는 책의 내용 중 핵심 정보를 파악하고 전체적인 맥락과 저자가 전달하고자 하는 메시지를 파악하는 능력이다. 많은 사람이 이런 인지 능력의 부족으로 저자 또는 책과 제대로 된 소통을 하지 못하고 자신이 좋아하고 마음에 드는 내용만을 자의적으로 해석하고 기억할 뿐이다. 셋째, 책에서 얻은 정보들 중 필요한 것을 파악하고 자신의 것으로 소화하는 사고 능력이다. 책은 그저 정보만을 줄 뿐 그것을 가치 있게 만드는 것은 우리의 사고와 실천이다. 하지만 많은 사람이 독서에 비해서 사고와 실천의 기회가 부족한 것이 현실이다. 읽은 책의 권수만큼 사고하고 실천할 수 있었다면 우리의 삶은 어떻게 변했을까? 독서 능력이라고 할 수 있는 이 세 가지 요소는 막연한 독서가 아닌 체계적이고 꾸준한 독서를 통해서만 향상시킬 수 있다.

2. 재미없고 어려운 책도 꾸준히 읽다 보면
그 유익함을 얻을 수 있다

**재미없고 어려운 책을 꾸준히 읽고 그 유익함을 얻은 사람보다 책 읽기를
포기하는 사람들이 더 많은 것이 현실이다**

일부 독서가들은 재미없고 어려운 책을 꾸준히 읽을 것을 권한다. 초기 독서의 어려움을 참고 지속적으로 읽으면서 임계치(변화를 시작하는 경계점)를 극복하면 독서의 다양한 유익함을 경험할 수 있다고 말한다. 이는 아주 보편적이고 오래된 독서 방법으로 동서고금의 많은 독서가들이 이구동성으로 추천하는 독서법이다. 그런데 우리가 재미없고 어려운 책을 꾸준히 읽을 수 있을까? 스스로에게 물어보자. 이 방법은 가장 널리 알려진 방법이지만 성공률이 낮다는 단점이 있다. 그런데도 많은 이가 이 방법을 추천하는 것은 성공한 저자들이 대부분 이 독서법으로 성공했기 때문이다. 자신이 성공한 방법이 가장 좋은 방법이라고 이야기하는 것은 당연한 일이다.

독서 관련 책과 프로그램은 사람들에게 독서에 대한 열정을 불러일으킨

다. 사람들은 집으로 돌아가 뜨거운 열정으로 독서를 시작한다. 주로 3년 동안 1,000권 읽기와 같이 일정한 기간에 몇 권의 책을 읽겠다거나 유명한 독서가의 권장 도서 읽기와 같이 특정도서 읽기를 목표로 삼는다. 그리고 재미없고 어렵더라도 꾸준히 읽기를 실천한다. 결론적으로 이렇게 시작한 대다수 사람들은 작심삼일로 끝나고 따끈한 새 책들은 주인을 잃고 책장에 버려진다. 독서에 실패한 사람들은 대부분 자신의 의지 또는 머리를 탓한다. 정말 자신의 능력이 부족해서 실패한 것일까? 재미없고 어려운 책을 꾸준히 읽는 독서는 아주 기초적이고 쉬우면서도 정답에 가까운 독서법이다. 하지만 누구나 실천할 수 있는 방법은 아니다. 특수한 목적 때문에 재미없고 어려운 책을 읽기도 하지만 대부분의 사람은 이런 책을 좋아하지 않는다. 좋아하지도 않고 재미도 없는 책을 읽지 않는 것은 보통 사람들에게는 당연한 일이다.

재미없고 어려운 책을 꾸준히 읽은 사람들 중에서 성공한 사람보다 실패한 사람이 더 많은 이유는 책 선택의 문제 때문이다. 책은 개인의 목적과 수준을 고려해서 선택해야 한다. 목적은 책의 내용과 관계가 있고 수준은 책의 난이도와 관계가 있다. 아무리 자신의 목적에 맞는 책이라도 자신의 수준을 고려하지 않은 책 선택은 독서를 어렵게 만든다. 따라서 자신의 수준을 고려해서 책을 선택하는 지혜가 필요하다. 재미없고 어려운 책을 꾸준히 읽는 방법은 적어도 모 유명 작가처럼 약 13년 동안 읽고 쓰기를 반복할 수 있는 인내력을 가진 사람에게나 추천할 만하다.

3. 추천 도서 또는 베스트셀러는 꼭 읽어야 한다

소문난 잔치에 먹을 것 없는 경우도 있다

추천 도서는 말 그대로 어떤 조건에 적합한 도서를 권해주는 것이다. 그래서 초등학생 추천 도서, 청소년 추천 도서, 대학생 추천 도서, 직장인 추천 도서, CEO의 추천 도서처럼 추천 도서 앞에 추천 대상이나 추천 주체가 붙는다. 이런 추천 도서는 통상 한국출판문화산업진흥원, 도서관, 서점, 각종 독서 단체와 같이 독서에 영향을 미치는 기관들이 선정한다. 각 기관들은 나름대로의 기준으로 공정하게 책을 선정하지만 일부에서는 광고 목적으로 추천 도서나 베스트셀러를 활용하기도 한다. 그리고 초등학교 추천 도서가 다른 곳에서는 중학교 추천 도서가 되는 경우도 있다. 따라서 추천 도서나 베스트셀러에 집착하기보다는 책을 선택할 때 참고만 하는 것이 좋다.

추천 도서보다 조금 더 강한 것이 필독서다. 필독서는 어감에서 느껴지듯이 안 읽으면 안 될 것 같은 분위기를 풍긴다. 이런 필독서는 특히 초등학생 아이와 어머니들에게 많은 고민을 안기고 있다. 학교는 학기 중 또는 방학 때가 되면 학생들에게 필독서 목록을 제시하고 일정 기간 내 책을 읽고 독후감을 작성하거나 부모님의 서명을 받도록 한다. 겉으로 보면 독서를 활성화하는 좋은 방법 같지만 아이는 읽고 싶지도 않고 이해도 되지 않는 책 때문에 스트레스를 받는다. 그리고 부모들은 아이가 그 학년의 필독서를 제대로 소화하지 못하는 모습에 고민한다. 프로그램의 의도는 좋았지만 그 결과는 많은 고민거리만을 남기고 있다. 이런 문제를 해결하기 위해서는 아이의 수준을 고려해서 책을 권해주면 된다. 요즘은 같은 제목의 책들이 성인용·청소년용·어린이용뿐만 아니라 심지어는 만화로도 나와 있기 때문에 각자의 수준에 맞는 책을 읽을 수 있다.

베스트셀러는 일정 기간에 가장 많이 팔린 책을 가리키는 말로서 1895년에 창간된 미국의 문예 비평지 『북맨』에서 사용한 것을 시초로 널리 사용하게 되었다. 우리나라에서는 1945년 광복 이후부터 베스트셀러라는 말이 사용되고 있다. 그렇다면 우리 주변에서 만나는 베스트셀러는 누가 선정하는 것일까? 대부분 대형 서점에서 일정 기간에 가장 많이 팔린 책들을 베스트셀러로 선정한다. 사람들은 이런 베스트셀러를 좋은 책이라고 생각하는 경우가 많다. 물론 좋은 책이기 때문에 많이 팔린 경우도 있지만 광고와 저자의 인지도, 사회적 이슈 덕분에 판매가 많이 되는 경우도 다반사다. 따라서 베스트셀러를 무조건 좋은 책이라고 단정 지을 수는 없다.

그렇다면 학부모들이 자녀들에게 학년별 추천 도서와 논술 대비 추천 도서 등을 권하고 성인들은 베스트셀러에 집착하는 이유는 무엇일까? 바로 독서를 해야 한다고 생각은 하지만 구체적으로 어떤 책을 읽어야 하는지 모르기 때문이다. 이럴 때 가장 쉽게 참고하는 것이 바로 추천 도서와 베스트셀러 목록이다. 또한 서점가를 장식하는 추천 도서와 베스트셀러를 보면서 마치 이런 책을 읽지 않으면 시대에 뒤떨어지는 것 같은 불안감 때문에 선택하는 경우도 많다. 이 밖에도 우리는 다양한 이유로 추천 도서와 베스트셀러에 집착한다. 분명 책을 읽지 않는 것보다는 추천 도서와 베스트셀러를 읽는 것이 유익하다. 하지만 이 중에는 사회적 분위기와 자본으로 선정된 경우도 있기 때문에 먼저 자신의 목적과 수준을 고려해서 책을 선택하는 지혜가 필요하다.

4. 만화책 읽기는 독서로서 가치가 없다
독서를 시작하는 이들에게 만화책은 중요한 역할을 한다

"1년 전에 아이의 담임선생님이 아이가 만화책만 보면 줄글을 등한
시하고 내용보다는 만화 위주로 보기 때문에 독서에 도움이 안 된다
고 말씀하셨어요. 그래서 집에 있는 교육용을 포함한 모든 만화책을
다 버리고 더는 만화를 읽지 못하게 했습니다. 그런데 지난 1년 동안
줄글은 고사하고 책을 아예 보지 않고 있으니 만화책이라도 다시 보
여줘야 하나요?"

어느 초등학교 4학년 어머니가 질문한 내용이다. 과거 상담을 했던 선생
님의 말씀도 일리가 있다. 학생들이 만화를 즐기면 호흡이 짧은 글에 익숙해
지기 때문에 호흡이 긴 줄글을 부담스러워 한다. 또한 책의 핵심 내용보다는

주로 주인공의 캐릭터와 이야기 전개에 필요한 희극적인 부분에 더 관심을 가진다. 이런 이유로 만화책에 대해서 부정적으로 이야기하는 경우가 많다. 그런데 만화책을 못 읽게 하고 줄글을 읽도록 강요한다고 해서 아이들이 만화책을 내려놓고 줄글을 읽을까? 입장을 바꿔 여러분이 좋아하는 만화책을 빼앗고 줄글을 손에 쥐어주면 읽겠는가? 아마도 사례 속 아이처럼 책보다 더 재미있는 것을 찾아갈 것이다.

만화책이 가진 장점 두 가지를 살펴보면 먼저 만화는 독서 발달단계 중 친밀성 단계를 형성하는 중요한 역할을 한다. 처음 독서를 시작하는 사람들이 책에 집중하지 못하는 가장 큰 이유는 책과 글이 불편하기 때문이다. 이런 경우에는 쉬운 동화책 또는 재미있는 만화책으로 책과 글에 대한 반감을 줄이고 친밀감을 형성해야 한다. 즉 '친밀성 단계-사고 단계-표현 단계-창조 단계'로 형성되는 독서 발달단계 중 첫 번째인 친밀성 단계를 형성하는 것이다.

만화는 재미난 그림과 주인공의 해학적 요소를 이용해 인문 고전 · 위인전 · 과학과 같은 어려운 주제의 이야기들을 쉽게 설명해 준다. 하지만 우리는 정서적으로 만화책을 다른 일반 도서보다 낮게 평가하는 경향이 있다. 이는 과거에 질적으로 낮은 만화책에 대한 고정관념일 뿐이다. 나는 만화 인문 고전을 활용해서 '인문 고전 코칭' 과정을 오랫동안 진행하고 있다. 성인들을 대상으로 8주간 7권의 고전을 함께 읽고 토론과 글쓰기를 통해서 고전을 읽는 법과 활용법에 대해서 배우는 수업이다. 이 수업에 참여한 한 분이 "고전의 가치를 어떻게 만화로 논할 수 있냐"라고 묻기에 "수업의 목적은 고전의 가치를 논하려는 것이 아니라 인문 고전을 읽는 법과 활용하는 방법을 교육하기 위한 것이기 때문에 문제가 되지 않는다"고 말한 적이 있다. 수업을 진행하는 동안 그 질문을 했던 분은 만화지만 생각보다 어렵고 깊이 있다는 말씀을 몇 번이나 하셨다. 만화 인문 고전은 표현 형식이 만화일 뿐 그 중심 내용은 인문 고전의 내용을 담고 있기 때문에 만화라고 너무 쉽게 생각해서는 안 된다.

만화책을 읽고 유익함을 얻기 위해서는 독후 활동이 필요하다. 독서 토론이나 글쓰기와 같은 독후 활동을 하면 더할 나위 없겠지만 아이들에게 이런 활동은 쉽지 않다. 그래서 추천하는 것이 읽은 만화책에 대해서 함께 이야기를 나누는 것이다. 재미있었던 내용과 그 이유를 이야기 하다 보면 책 속으로 조금씩 들어갈 수 있다. 그 과정에서 아이들의 인지 능력과 사고력이 계발된다. 물론 줄글을 권하는 것도 중요하다. 줄글을 권할 때는 두려움을 없애기 위해 짧은 줄글에서 긴 줄글로 넘어가는 것이 좋다.

가장 좋은 방법은 아이들에게 책을 읽어 주는 것이다. 책 읽어 주기는 아이들에게 줄글이 생각보다 어렵지 않고 재미있다는 사실을 알려 준다. 이때 주의할 점은 부모 기준으로 유익하고 재미있는 책을 선정하기보다는 아이들이 재미있어 할 책을 선정해야 한다는 것이다. 특히 아이와 함께 책을 고르는 것은 좋은 방법이다. 그래야만 아이들이 줄글에 호감을 가지고 줄글 읽기를 시작할 수 있다.

결론적으로 세상의 모든 것에는 일장일단(一長一短)이 있듯이 만화책에도 장점과 단점이 있다. 우리는 이런 만화책이 가진 장·단점을 파악해서 장점을 적극 활용하고 단점을 보완하면 만화책이 가진 독서의 가치를 충분히 이용할 수 있다.

5. 독서를 한 후 독후감은 꼭 써야 한다
글쓰기는 독서의 유익함을 증폭시키는 도구다

"독서 후 독후감을 작성해야 독서 효과가 좋다는 말을 들었습니다. 그래서 아이들에게 책을 읽고 매번 독후감을 작성하도록 시켰더니 아이들이 책 읽기를 싫어하더군요. 그래서 요즘은 독후감을 강요하지 않고 있지만 학교에서 독후감 작성을 숙제로 가져 올 때면 아이와 부모가 모두 스트레스를 받습니다. 이런 독후감을 꼭 써야 하나요?"

독후감은 서평, 독서 기록장, 독서 일기, 베껴 쓰기, 요약 등과 함께 독서의 가치를 높이는 아주 효과적인 독후 활동이다. 그런데 주로 자의보다는 타의(학교 또는 부모)에 의해서 작성되고 있다. 이렇게 작성하는 독후감은 독서의 긍정적인 유익보다는 독서를 재미없게 만드는 요인으로 작용하는 경우가 많은 것이 현실이다.

저자가 책이라는 콘텐츠를 통해서 유익한 정보를 전달하면 우리는 그 책을 읽음으로써 저자가 전달하려는 정보를 파악하고 활용할 수 있다. 이때 자신이 알게 된 사실을 그냥 머리로만 기억하는 사람과 글로 써 보는 사람 중 어느 사람이 더 잘 기억할까? 또한 책을 읽으면서 떠오른 생각들을 그냥 흘려보내는 사람과 기록하는 사람 중 누가 더 깊고 가치 있는 생각을 할 수 있을까? 답은 누구나 상식적으로 생각해 보면 알 수 있다.

독서 후 글쓰기는 책을 통해서 알게 된 정보를 구체화하고 자신의 생각을 명확하게 함으로써 지식을 함양하고 사고력을 계발하는 데 도움을 준다. 하지만 이런 글쓰기를 무조건 강조하면 독서의 유익보다는 부담감 때문에 책을 멀리하게 된다.

독후 활동은 책을 읽고 얻은 지식과 사색을 통해서 얻은 결과를 구체화하는 과정으로 글쓰기, 토론, 북아트 등 다양한 방법이 있다. 이 중에서 가장 대표적이고 효과적인 방법이 바로 글쓰기다. 하지만 우리는 글쓰기를 제대로 활용하지 못할 뿐만 아니라 부담스럽게 여긴다. 독후감 작성을 이렇게 어려워하는 이유는 무엇일까? 우리는 독후감 작성법을 제대로 배운 적이 없다. 정규 교육과정에서 수많은 과목을 배웠지만 정작 글쓰기를 체계적으로 배우질 못했다. 물론 수업 중간이나 도서관에서 독후감 작성 방법을 듣기는 한 것 같다. 그래서 독후감을 작성할 때는 책 내용을 조금 요약하고 자신의 느낌과 생각을 구체적으로 작성해야 한다는 사실쯤은 안다. 하지만 이런 방법을 안다고 해서 독후감 작성이 쉬워지는 것은 아니다. 더 큰 문제는 글쓰기에 익숙하지 않다는 것이다. 과거에는 수업 중에 선생님이 칠판에 작성하는 내용을 필기하고 베껴 쓰기와 빡빡이 같은 숙제 때문에 나름대로 글을 쓸 기회가 많았다. 하지만 요즘 아이들은 참고서와 인터넷의 발달로 글을 쓸 기회가 부족하다. 더욱이 일기조차 매일 쓰지 않는 것이 현실이다. 글 쓰는 것조차 어색한 아이들에게 책의 핵심 내용이나 자신의 생각을 작성하라는 것은 너무나도 어려운 일이다. 그런데 이런 현상은 아이들만의 문제가 아니다. 성인 프로그램을 진행해 보면 표현을 어려워하며 조용히 수업만 듣길 원하는 사람들이 많다. 심지어는 표현의 어려움 때문에 수강을 포기하는 경우도 있었다. 분명 학창 시절에는 글쓰기가 익숙했을 터인데 학교를 졸업한 후론 글을 쓸 기회가 줄어들면서 글쓰기가 불편해진 것이다. 그럼에도 불구하고 사람들은 자신이 글을 못 쓴다는 이야기만을 되풀이하고 있다.

글쓰기에 익숙하고 독후감 작성법을 알아도 작성을 못하는 경우가 있다. 이는 인지 단계와 사고 단계가 제대로 작동하지 않기 때문이다. 학생들에게 독서록을 쓰도록 하면 많은 학생들이 한두 줄을 쓰고는 공통적으로 "쓸게 없다"고 말한다. 책 내용을 요약해서 써도 되고 자신의 느낌이나 생각을 써도 되는데 왜 쓸 내용이 없다고 말하는 것일까? 그런데 독서록을 쓰기 어려워하는 학생들의 입장에서는 진짜 쓸 내용이 없다. 인지 단계에서 책 내용을 제대로 파악하지 못하거나 파악했더라도 사고를 제대로 못하기 때문에 쓸 내용이 없다고 말하는 것이다. 대부분의 학생들은 이와 같은 이유로 독서록

쓰기를 어려워한다. 따라서 독서록을 작성할 때는 양에 집착하기보다는 매일 일정량의 글쓰기를 통해서 글쓰기에 익숙해지는 것이 우선이다. 그리고 글쓰기가 익숙해지면 책에서 알게 된 사실이나 자신의 생각을 조금씩 쓰면서 그 양을 늘려 가는 것이 중요하다. 즉 글의 양과 질을 떠나서 작성에 의의를 두고 처음에는 두세 줄로 시작해 조금씩 그 양을 늘려 가야 한다. 질은 어느 정도의 분량을 채울 수 있을 때 만들어 가도 늦지 않다.

6. 독서가 창의적 인재를 만든다
독서를 한다고 모두가 창의적 인재가 되는 것은 아니다

경쟁이 치열해지면서 기업은 명문대를 나온 똑똑한 인재보다는 창의적 인재를 선발하기 위해 노력하고 있다. 비슷한 상품, 서비스, 가격으로는 경쟁에서 살아남을 수 없기 때문이다. 이런 창의력은 기업에게만 중요한 것이 아니다. 자영업자들 간의 경쟁과 개인 간의 경쟁이 치열해지면서 이 시대를 살아가는 누구에게나 창의력은 중요한 요소가 되고 있다. 하지만 이것은 시작일 뿐이다. 멀지 않은 미래에 인공지능이 상용화되면 창의력은 선택이 아니라 생존의 필수 조건이 될 것이다.

이런 현상을 반영하듯 기업과 학교는 창의적인 인재를 양성하고 선발하기 위해서 다양한 프로그램을 진행하고 있다. 그 프로그램들을 살펴보면 공통적으로 빠지지 않고 강조하는 것이 바로 독서다. 그렇다면 책만 열심히 읽으면 정말 창의적 인재가 될 수 있을까?

건강하게 살기 위해서는 좋은 음식을 먹는 것은 중요하다. 하지만 좋다는 음식을 무조건 많이 먹어서는 건강해질 수 없다. 먼저 자신의 건강 상태와 소화 능력을 파악하고 필요한 음식을 먹어야 한다. 독서도 이와 같아서 창의력에 필요한 요소를 파악하고 그 요소를 충족할 수 있는 책을 읽어야 창의력을 계발할 수 있다. 하지만 대부분의 사람은 책만 많이 읽으면 창의적 인재가 될 수 있다는 막연한 생각에 책의 질과 양에 집착한다. 물론 이렇게 독서를 해도 창의적 인재가 될 수 있다. 단 정말 똑똑하거나 운이 좋거나 어마어마한 시간과 노력을 투자할 수 있어야 한다.

그렇다면 창의력에 필요한 요소는 무엇일까? 공장에서 제품을 생산하기 위해서는 제품의 재료와 재료를 제품으로 바꾸는 공정과정이 필요하다. 창의력도 마찬가지다. 새로운 것을 생각해 내기 위해서는 재료인 지식과 지식을 창의적 결과물로 바꿔주는 공정인 지능이 필요하다. 즉 창의력을 계발하기 위해서는 지식과 지능을 계발해야 한다. 참고로 지능은 '머리의 기능, 지식을 쌓거나 사물을 올바르게 판단하거나 하는 지적인 능력'을 의미한다. 쉽게 말해서 지능은 지식을 다루는 기술로서 사고를 기반으로 작동한다. 결론적으로 당신이 독서로써 창의적 인재가 되고 싶다면 자신이 원하는 분야의 책을 선정해서 재료인 지식을 축적하고 사색을 통해서 지능을 높일 수 있어야 한다. 물론 임계치를 극복할 만큼의 독서량도 중요하다. 관련 서적 50~100권쯤을 읽으면 당신도 창의적 인재로 거듭날 수 있다.

7. 인문 고전만큼 유익한 책은 없다
아무리 좋은 약도 부작용은 있다

세종대왕·나폴레옹·워렌 버핏·빌 게이츠·안철수 등 위인들이나 성
공한 사람들이 읽었다는 책들 중 빠지지 않는 것이 바로 인문 고전이다. 인
간의 삶과 죽음 사이에서 생기는 무수한 고민과 대안을 담고 있는 인문 고
전은 짧게는 100년, 길게는 수천 년 간 사람들에게 읽히며 그 가치를 인정
받고 있다.

몇 해 전부터 이런 인문 고전 붐이 일면서 서점에는 인문 고전의 중요성
과 독서 방법에 대한 책들이 지속적으로 출간되고 있다. 또한 도서관이나 교
육 기관에서는 인문 고전 관련 강좌도 개설되고 있다. 이전에는 인문 고전을
주로 교양 차원에서 읽었다면 이제는 정치와 경제 분야의 급속한 발전에 따
른 성장통을 치유하기 위해서 고전을 읽고 있다. 즉 계층 간의 갈등, 빈부 격

차의 심화, 황금만능주의, 인간성의 상실, 노인 인구의 증가, 집단 이기주의 등과 같은 다양한 문제들을 해결하기 위해서 고전이 가진 지혜를 활용하려는 것이다. 그렇다면 인문 고전이 구체적으로 어떤 유익함을 주기에 다양한 문제를 해결할 수 있다고 하는 것일까?

인문 고전의 대표적인 유익

인문 고전의 대표적인 유익함을 몇 가지 살펴보면 다음과 같다. 첫째, 사고력을 계발한다. 사고력은 문제를 인식하고 대안을 찾기 위한 가장 기본적인 두뇌 활동이다. 이런 사고를 잘하기 위해서는 사고의 훈련과 사고에 필요한 재료인 정보가 지속적으로 제공되어야 한다. 고전은 다양한 역사적 사실, 인간관계, 삶과 죽음에 대한 수많은 고급 정보를 제공하고 있다. 그리고 이런 정보를 이해하고 삶에 적용하기 위해서 끊임없이 사고가 작동한다. 이런 두 가지 요소를 동시에 제공하기 때문에 인문 고전 독서가 사고력 계발에 크게 도움이 되는 것이다.

둘째, 문제 인식 능력과 문제 해결 능력을 배운다. 문제 인식 능력이란 문제를 발견하는 능력이다. 쉬울 것 같지만 대부분의 사람은 자신이나 사회가 가진 문제를 파악하지 못하고 살아간다. 물론 문제를 인식하는 경우도 있지만 대안보다는 주로 불만을 늘어놓는 경우가 대부분이다. 하지만 고전을 저술한 저자들은 개인의 문제를 넘어 사회적 문제까지 인식하고 그 문제에 대한 대안을 제시했다. 플라톤은 무지한 시민들이 자신의 스승인 소크라테스를 죽이고 정치를 좌지우지 하는 모습을 보고『국가』에서 그 대안으로 철인 정치를 주장했다. 이뿐만 아니다.『논어』,『맹자』, 토마스 모어의『유토피아』, 루소의『사회계약론』, 마르크스의『자본론』등이 모두 사회적 문제를 인식하고 문제 해결에 필요한 대안을 제시하고 있다. 우리는 고전을 통해서 이런 문제 인식 능력과 해결 능력을 간접적으로 배울 수 있다.

셋째, 탁월한 위인들의 장점을 배운다. 우리는 위인들의 삶을 통해 우리의 삶을 반추할 수 있다. 단순하게 위인의 삶과 우리의 삶을 비교하면 나약한 자신의 모습에 실망하기도 한다. 하지만 위인들이 성장 과정에서 보여준 모습에 집중하면 더 나은 우리 자신을 만들기 위한 습관과 방향성을 찾을 수 있다. 예를 들어 위인들은 공통적으로 삶에 대한 구체적인 목표를 가지고 있었다. 물론 우리도 나름의 목표를 선정하고 열심히 살아가지만 우리의 삶은 위인들과는 많이 다르다. 위인들은 자신만의 목표를 구체적으로 선정하고 달려가는 반면 우리는 성공, 명예, 부, 행복과 같이 추상적이고 일반적인 개념의 목표를 선정하는 경우가 많다. 그나마 이런 목표라도 가진 사람들은 남다른 결과를 만들어가기도 한다. 하지만 대부분의 사람은 하루하루 살아가기에 급급한 것이 현실이다. 이것을 집중과 분산의 개념에서 보면 위인들은 자신만의 구체적인 목표에 에너지를 집중했지만 우리는 넘쳐나는 에너지를 분산함으로써 열심히 살아가지만 현실이 그렇게 만족스럽지는 않다. 위인들이 보여 주는 장점과 단점 중 장점에 집중해보자. 그 장점들 중에 자신에게 필요한 것을 찾아 모방하고 실천할 수 있다면 우리의 삶은 분명 지금보다 더 나은 방향으로 나아갈 수 있을 것이다.

넷째, 삶의 지혜를 배운다. 지혜는 '사물의 이치를 빨리 깨닫고 사물을 정확하게 처리하는 정신적 능력'을 말한다. 조금 쉽게 설명하면 '상황에 맞는 정보 처리 능력'이라고 할 수 있다. 솔로몬이 판결한 한 아이의 두 엄마 이야기를 보면 솔로몬의 빛나는 지혜를 엿볼 수 있다. 그렇다면 솔로몬이 아이를 반으로 나누어 가지라는 판결이 지혜일까? 솔로몬이 재판에서 문제를 해결하기 위해서 사용한 지식은 '자식에 대한 부모의 사랑'이다. 사실 이 정도의 지식은 누구나 상식적으로 가지고 있다. 그렇지만 특별한 상황에서 필요한 지식을 가져다 적용하는 것은 쉬운 일이 아니다. 솔로몬이 지혜로운 이유는 바로 때와 장소에 맞게 지식을 활용할 수 있었기 때문이다. 이런 지혜를 우리는 인문 고전을 통해서 배우고 익힐 수 있다.

다섯째, 감성을 배운다. 감성은 '자극이나 자극의 변화를 느끼는 성질'을 의미하는데 쉽게 이야기하면 감정을 느끼는 능력이라고 할 수 있다. 감정을 배워야 한다고 말하면 감정은 있는 그대로 느끼는 것이라고 주장하는 이도 있다. 하지만 감정을 배우지 않으면 자신에게 일어나는 수많은 감정을 이해 또는 인지하지 못하고 지나치기 쉽다. 감정은 크게 희노애락애오욕(喜怒哀樂愛惡慾)으로 나눌 수 있는데 이 중에서 우리는 얼마만큼의 감정을 이해하며 살아갈까? 감정은 강도에 따라 자극적인 감정과 소소한 감정으로 나눌 수 있다. 누군가를 격정적으로 사랑하거나 좋아하는 경기를 볼 때면 우리는 자극적인 감정에 쉽게 휩싸인다. 그리고 이런 자극적인 감정에 길들여지면 더욱 강한 자극을 원하게 되면서 소소한 감정들을 무시하게 된다. 그런데 인간관계에서 주로 사용하는 것은 소소한 감정들이다. 인간관계에서 일어나는 소소한 감정들을 발견하고 대처함으로써 성숙된 인간관계를 만들 수 있고 나아가 각박한 세상에서 잃어가는 인간성을 회복할 수 있다. 이를 위해서 우리는 직·간접적으로 감정을 경험하고 키우려는 노력이 필요하다. 바로 인문 고전을 통해서 수많은 사람이 느끼고 이야기하는 소소한 감정들을 간접적으로 경험하면서 감성을 배울 수 있는 것이다.

인문 고전의 부작용

인문 고전의 다양한 유익함이 알려지면서 많은 사람이 인문 고전을 읽게 되었다. 하지만 인문 고전 독서가 가진 부작용에 대해서 말하는 사람은 드물다. 아무리 좋은 약이라도 제대로 알고 복용하지 않으면 부작용이 생기듯 인문 고전 독서도 제대로 알고 읽지 않으면 부작용이 있을 수밖에 없다.

그 부작용으로는 먼저, 좌절감을 느끼게 된다. 성공한 사람들과 위인들이 인문 고전을 통해서 삶의 방향과 능력을 키웠다는 이야기를 듣거나 그들의 추천 도서를 볼 때면 누구나 인문 고전 독서에 대한 욕구를 느낀다. 하지만 실제로 읽어 보면 내용을 제대로 이해하지 못하는 자신, 열심히 읽어도 변화하지 않는 자신을 발견할 뿐이다. 결국 자신의 머리와 인내심을 탓하며 스스로에게 실망한다. 특히 독서를 지속적으로 해오던 사람일수록 그 실망감은 더 크다. 그런데 실망할 필요는 없다. 우리는 평범한 보통 사람이고 인문 고전을 저술한 사람들은 시대를 앞서간 천재들이다. 이런 천재들이 오랜 사색과 노력으로 탄생시킨 글을 보통 사람인 우리가 짧은 시간에 읽고 이해하는 것은 쉬운 일이 아니다. 우리는 수박 겉핥기를 하듯이 인문 고전을 읽으며 야금야금 먹으며 그 맛을 음미하면 된다. 하지만 대부분의 사람은 한 번에 꿀꺽 삼키려하기 때문에 소화를 시키지도 못하고 제대로 먹을 수도 없음에 실망하는 것이다. 인문 고전 독서는 욕심을 버리고 다가가지 않으면 보통 사람은 누구나 좌절감을 맛 볼 수밖에 없다.

그다음은, 책의 질과 양에 집착하게 된다. 인문 고전을 제대로 이해하고 그 맛을 느끼기 위해서는 인문 고전과 같은 질 높은 책을 꾸준히 읽으면서 자신이 가진 임계점을 넘으려는 노력이 필요하다. 하지만 무조건 책의 질과 양에 집착하는 것은 위험하다. 책의 양과 질에 집착하는 사람들을 보면 뷔페에서 자신의 소화 능력은 고려하지 않고 몸에 좋은 음식을 과하게 섭취하는 사람과 같다. 사라 스튜어트의 『리디아의 정원』과 플라톤의 『국가』 중 정보의 가치를 따지면 플라톤의 『국가』를 따라 갈 수 없다. 하지만 『리디아의 정원』은 쉽게 소화할 수 있는 반면 플라톤의 『국가』는 웬만한 소화력으로는 소화가 쉽지 않다. 소화하기 어려운 음식을 좋다는 이유만으로 무조건 많이 먹어서는 건강해질 수 없다.

책의 질과 양에 집착하는 모습은 독서 수준을 책의 질과 양으로 판단하는 사회적 분위기도 한 몫하고 있다. 사회적으로 인문 고전처럼 수준 높은 책을 1년에 100권 또는 3년에 1,000권처럼 책을 많이 읽을수록 독서 능력이 뛰어나다고 여긴다. 이런 이유로 사람들은 인문 고전에 집착하고 더 많은 책을 읽으려고 한다. 분명 좋은 책을 많이 읽는 것은 독서 능력을 향상시킬 수 있는 좋은 방법이지만 자신의 소화력을 고려하지 않는다면 그것은 집착일 뿐이다.

　마지막으로 독서 자체를 포기하게 된다. 독서에 관심이 없던 사람들이 우연히 강연회나 책을 접하면서 인문 고전의 매력에 빠져 독서를 시작하는 경우가 많다. 이렇게 시작한 대부분의 사람이 인문 고전 독서에 어려움을 겪는다. 책과 글에 익숙하지 않은 상태에서 이해도 되지 않는 어려운 책을 읽다 보면 독서가 자신과 맞지 않는다는 생각을 하게 된다. 결국 어려운 인문 고전 때문에 큰 맘 먹고 시작한 독서 기회마저 포기하는 일이 발생한다. 인문 고전은 아주 크고 단단한 사탕과 같아서 한 번에 입에 넣고 깨뜨려 먹을 수 없다. 인문 고전의 단맛을 느끼기 위해서는 수차례 겉을 핥는 수고와 이를 견딜 수 있는 인내가 필요하다. 그래서 나는 독서를 시작하는 사람들에게 인문 고전을 권하기보다는 자신이 좋아하고 쉽게 읽을 수 있는 책을 추천한다. 초등학교에 갓 입학한 학생에게 열정이 많다는 이유로 중학교 또는 고등학교 교재를 권해서는 안 되는 이유와 같다. 인문 고전의 가치가 알려지면서 사람들이 책에 관심을 가지고 독서를 시작하는 것은 반가운 일이지만 인문 고전에 적응하지 못하고 책을 놓는 것은 안타까운 일이다.

　인문 고전을 꼭 읽고 싶다면 먼저 일반적인 이유가 아닌 자신만의 독서 이유를 찾아야 한다. 무엇을 얻기 위해서 어떤 변화를 위해서 인문 고전을 읽으려고 하는지 스스로에게 질문을 던지며 자신만의 이유를 찾아보자. 다음으로 자신의 수준에 맞는 책을 찾아라. 요즘은 『징비록』, 루소의 『사회계약론』과 같은 인문 고전들이 일반 도서, 청소년 도서, 어린이 도서, 만화 등과 같이 다양한 형태로 출간되고 있다. 일반 도서를 읽어서 이해가 되지 않으면 청소년 도서를 읽고, 그것도 이해가 되지 않으면 어린이 도서를 읽으면 된다. 물론 만화를 읽는 것도 좋은 대안이다. 가끔 낮은 단계의 책들을 읽는 것을 부끄러워하는 이들이 있는데, 수준을 낮춰서 책을 읽는 것이 부끄러운 것이 아니라 책을 읽지 않는 것을 부끄러워해야 한다.

Part 2

왜
책을 읽는가?
: 독서의 목적

1. 책을 읽는 궁극적 이유

목적 없는 독서는 산보일 뿐이다 - B. 리튼

　인간은 살아가면서 저마다의 목적을 설정하고 실천하며 살아간다. 이런 목적과 실천은 삶의 질을 결정하고 개인의 평가에 중요한 영향을 미친다. 그래서 우리는 더 높은 목적을 세우려 노력하고 실천을 위해서 스스로를 독려한다. 그런데 사람들 중에는 인생의 목적이 없다며 물 흘러가듯 살아가는 사람들이 있다. 정말 이들에게는 목적이 없을까? 이들은 뚜렷한 자신만의 목적이 없을 뿐이지 무의식적인 목적은 가지고 있다. 바로 편안함과 안정이 그들의 목적이다. 그들은 편안함과 안정을 목적으로 하기 때문에 복지부동(伏地不動)하거나 기존 질서에서 벗어나는 변화를 거부한다. 물론 목적이 미약하기 때문에 실천도 미약할 수밖에 없다. 그럼 목적과 실천은 어떤 관계일까? 먼저 목적이 선정되면 우리는 목적이 달성 되었을 때 얻을 수 있는 유익함을 기대한다. 즉 취직이라는 목적이 달성되면 자신이 인정받고 있다는 자신감, 월급을 받는 기쁨, 부모님께 용돈을 드리는 상상, 돈을 모아서 집을 사는 일 등을 기대할 수 있다. 이런 결과에 대한 기대치가 바로 동기가 된다. 그리고 동기는 의지를 움직이고 의지는 실천으로 이어진다. 따라서 구체적인 목적은 동기를 고양하고 의지에 불을 질러 실천으로 이어지게 하는 것이다.

많은 사람이 나름의 목적을 가지고 독서를 한다. 그런데 그 목적이라는 것이 막연한 경우가 많다. 목적이 막연하면 결과에 대한 기대치도 막연할 수밖에 없다. 결국 독서에 대한 동기와 의지도 미약하다. 이런 상태에서 제대로 된 독서를 기대하기는 어렵다. 여러분들은 어떤 목적으로 독서를 하는가? 무엇을 얻기 위해서 독서를 하는가? 우리가 독서를 통해서 얻을 수 있는 일반적인 목적과 궁극적으로 추구해야 할 목적에 대해서 알아보자.

독서의 일반적인 목적 : 지식, 사고, 지혜, 감성

사람들이 이야기하는 수많은 독서의 목적을 살펴보면 크게 네 가지 단어로 정리할 수 있다. 바로 지식, 사고, 지혜, 감성이다. 먼저 가장 보편적인 독서 목적인 지식에 대해서 알아보자. 지식은 정보와 동의어처럼 사용되지만 사전적으로는 그 의미가 조금 다르다. 정보는 '관찰이나 측정을 통해 수집한 자료를 실제 문제에 도움이 될 수 있도록 정리한 지식'을 말하고 지식은 '어떤 대상에 대하여 배우거나 실천을 통하여 알게 된 명확한 인식이나 이해 또는 알고 있는 내용이나 사물'을 의미한다. 쉽게 설명하면 이 책에서 내가 여러분에게 던지는 수많은 이야기는 정보이고 책을 읽는 당신이 필요한 정보를 자신의 데이터베이스에 저장하면 그것은 지식이 된다. 이런 차이가 있음에도 현실적으로 지식과 정보는 동의어처럼 사용되고 있다.

많은 사람이 지식을 쌓기 위해서 독서를 한다. 그런데 그들을 살펴보면 쇼핑형과 구매형으로 나눌 수 있다. 쇼핑형은 돌아다니면서 여기저기에 무엇이 있는지만 파악하는 스타일이고 구매형은 자신에게 필요한 것을 취하는 스타일의 독서 형태다. 경제적 측면에서 보면 쇼핑형도 나쁘지 않지만 독서 측면에서 보면 책을 통해 필요한 지식을 꾸준히 쌓아가는 구매형이 더 유익하다. 그렇다고 쇼핑형이 나쁜 것은 아니다. 누구나 시작은 쇼핑형으로 시작한다. 다만 쇼핑형으로 계속 머무르기보다는 쇼핑을 하다가 자신의 목적에 맞는 책이나 정보를 발견하면 구매형 독서로 전환해야만 지식을 쌓을 수 있다.

두 번째 목적은 사고다. 사회적으로 창의력이 강조되면서 사고 계발을 독서 목적으로 삼는 경우가 늘고 있다. 독서는 오래 전부터 사고력 향상에 많은 영향을 미친 수단으로서 그 어떤 프로그램보다 경제적이고 접근성이 뛰어나다. 그렇다면 정말 독서를 열심히 하면 사고력이 향상될까? 독서하는 사람들을 살펴보면 사고력이 향상된 사람이 있는가 하면 그렇지 않은 사람도 있다. 사람들은 이런 차이를 독서량의 결과라고 말한다. 틀린 답은 아니지만 정확한 답도 아니다.

이 질문에 정확한 답을 얻기 위해서는 독서와 사고의 관계를 이해할 필요가 있다. 사고는 달리는 것과 같이 우리가 가진 하나의 기능이다. 사고 기능을 숙달하기 위해서는 지속적인 훈련을 해야 하는데 이때 필요한 것이 정보다. 정보 처리 기능을 가진 사고는 정보를 재료로 작동한다. 즉 받아들인 정보를 버릴 것인지 사용할 것인지 다른 정보와 융합할 것인지를 궁리하며 사고가 작동하는 것이다. 물론 우리가 가진 정보만으로도 사고가 가능하지만 더욱 폭넓은 사고를 하기 위해서 다양한 정보들이 필요하다. 그 방법들 중 하나가 바로 독서다. 독서는 우리에게 다양하고 깊이 있는 정보를 인지할 수 있는 기회를 주고, 사고를 할 수 있는 상황을 만들어 준다. 물론 독서와 사고의 이런 관계를 몰라도 열심히 책을 읽다 보면 사고력이 계발될 수도 있다. 하지만 독서가 주는 기회와 상황을 적극적으로 활용하면 더욱 효과적으로 사고를 계발할 수 있다.

세 번째 목적은 지혜다. 고전의 유익에서 언급했듯이 지혜는 '사물의 이치를 빨리 깨닫고 사물을 정확하게 처리하는 정신적 능력'이다. 쉽게 말해서 '상황에 맞는 정보 처리 능력'이라고 할 수 있다. 대학 시절 혈기왕성했던 나는 누구보다도 지혜롭게 살고 싶었다. 어떤 선택을 하거나 상황에 대처할 때 감정에 치우치거나 성급하게 일을 처리해서 일을 종종 그르친 경험이 있었기 때문이다. 그럴 때마다 지혜롭게 행동하지 못한 나를 자책했었다. 그래서 지혜를 준다는 『탈무드』를 읽게 되었다. 난 탈무드를 읽고 사례를 통해서 지혜로운 행동의 기준을 배우려 했지만 막상 읽어 보면 평범한 이야기와 질문을 던지는 이야기뿐이었다. 도대체 탈무드 어디에 지혜가 있다는 것일까?

유태인들은 수천 년 동안 탈무드를 통해서 지혜를 얻었고 결국 전 세계 약 2%의 인구로 노벨상의 20% 이상을 차지하는 민족이 되었다. 우리는 탈무드 자체가 지혜를 줄 것이라고 생각하는 반면 유태인들은 탈무드의 이야기를 찬반으로 나누어 학교, 교회, 식당 심지어는 술집에서도 토론을 한다. 그들은 탈무드의 수많은 이야기를 재료로 사고하고 토론하는 과정을 통해서 지혜를 길렀던 것이다. 유태인들은 사상가 존 로크의 "독서는 다만 지식의 재료를 줄 뿐이다"라는 말처럼 탈무드를 재료로 지혜를 키웠던 것이다. 따라서 독서로써 지혜를 얻고 싶다면 책이 지혜를 줄 것이라는 막연한 기대를 버리고 책에서 얻은 재료로 다양한 요리의 기회를 가져야 한다.

네 번째 목적은 감성이다. 감성은 '자극이나 자극의 변화를 느끼는 성질'로써 희노애락애오욕(喜怒哀樂愛惡欲)과 같은 감정을 느끼는 능력을 말한다. 이런 감성은 타인의 감정 상태를 빨리 감지함으로써 인간관계를 원만히 하고 상대의 니즈(needs)를 효과적으로 파악할 수 있도록 한다. 또한 감성이 발달하면 상대가 느끼는 감정을 쉽게 이해할 수 있기 때문에 사회적으로 문제가 되는 개인주의와 빈부 격차 그리고 흉악한 범죄도 예방할 수 있다. 이런 감성을 계발하기 위해서는 관객처럼 책을 읽기보다는 역지사지(易地思之)하며 책을 읽어야 한다. 즉 책 속에 들어가서 주인공과 같이 아파하고 즐거워하고 슬퍼하면서 다양한 감정적 경험을 가져야만 감성을 성장시킬 수 있다.

독서의 궁극적인 목적: 변화와 탐색

독서의 수많은 목적을 한 단어로 요약하면 무엇일까? 바로 변화다. 사람들은 지식의 변화, 감정의 변화, 행동의 변화, 습관의 변화, 미래의 변화 등 크고 작은 변화를 꿈꾸며 책을 읽는다. 이런 변화는 우리가 독서를 하면서 추구해야 할 궁극적인 목적이지만 실제로 독서가 변화로 이어지는 경우는 드물다. 그 이유는 독서 목적이 부재하기 때문이다. 목적은 자신이 필요하고 원해서 선정해야 하지만 많은 이가 자신만의 목적보다는 일반적인 독서 목적을 선정한다. 그저 사람들이 좋다고 하니까 또는 필요할 것 같아서라는 애매한 이유로 독서 목적을 선정하는 것이다. 이렇게 세워진 목적으로는 동기와 의지를 불러일으킬 수 없다. 또한 구체적이지 않은 목적에 시간과 에너지를 분산 투자하면서 노력에 비해 열매가 적다. 결국 독서가 변화를 추구하기보다는 잠깐의 유희 또는 자신이 독서하는 지성인이라는 만족감을 줄 뿐이다.

다음은 독서 방법의 부재다. 우리는 살아가면서 독서 방법을 체계적으로 배운 적이 없다. 그저 글자를 익힐 때 배웠던 방법으로 책을 읽으면서 변화를 꿈꾼다. 드라마로도 제작된 소설 『뿌리 깊은 나무』와 이지성 작가의 『리딩으로 리드하라』와 같은 책을 보면 과거에는 독서가 계급을 구분 지을 정도의 고급 기술이었다. 글이 보편화된 요즘 누구나 독서를 하지만 독서가 고급 기술이라는 사실은 변함이 없다. 글을 읽을 수 있다고 해서 누구나 저자와 소통하고 책의 정보를 재료로 자신의 변화를 주도할 수는 없다. 따라서 우리는 독서 방법을 배워야 한다. 그것도 체계적으로 배워야 한다. 하지만 안타까운 현실은 교육을 받을 수 있는 곳도 드물고 있더라도 단편적인 독서 방법만을 가르치는 경우가 대부분이다. 결국 우리는 '열심히, 부지런히, 잘'이라는 방법에 의존해서 독서를 할 뿐이다. 이런 이유로 독서하는 사람에 비해서 변화를 만들어 가는 사람이 적은 것이다.

마지막으로 독서량의 부족이다. 나는 독서량에 집착하지 말라는 이야기를 자주한다. 독서량이 중요하지 않아서 이런 말을 하는 것이 아니다. 분명 자신의 임계치를 뛰어 넘을 만큼의 독서량은 중요하다. 문제는 한 권의 책에서 무엇을 얼마나 얻을 것이며 어떻게 실천할 것인가에 대한 고민 없이 무조건 권수에 집착하는 경우가 많다는 것이다. 따라서 무조건 많이 먹기보다는 자신에게 필요한 것이 무엇인지, 어떻게 먹어야 맛있고 건강하게 먹을 수 있는지를 고민해서 실천해야 한다.

독서의 궁극적인 목적은 변화지만 대부분의 사람은 자신이 변화시킬 대상 즉 구체적인 독서 목적을 잘 모른다. 심지어는 인생의 목적조차 모르고 살아가는 경우가 태반이다. 사람들에게 독서의 목적이나 삶의 목적을 물어보면 대부분 "아직 찾지 못했다"고 말한다. 우리는 목적이라는 것이 주어지는 것이 아니라 찾아야 한다는 사실을 이미 알고 있다. 그럼에도 불구하고 우리는 목적을 적극적으로 찾지 않는다. 좋은 배우자나 이성 친구를 만나기 위해서는 열심히 이성을 만나고 마음에 들면 적극적으로 구애를 해야 한다. 꿈이나 목적도 이와 같다. 다양한 지식과 경험을 바탕으로 적극적으로 찾으려는 노력이 필요하다. 이런 능동적인 활동을 탐색이라고 한다.

탐색은 구체적인 변화의 대상을 찾지 못했을 때 독서의 궁극적인 목적이 된다. 탐색의 독서로 변화의 대상을 찾기 위해서는 먼저 세 가지를 찾아야 한다. 첫 번째로 찾아야 할 것은 문제다. 우리는 다양한 책을 읽으면서 각자가 처한 문제 또는 사회가 가진 문제를 발견할 수 있다. 이렇게 발견된 문제는 변화의 구체적인 이유가 된다. 그리고 이런 문제의 인지와 고민 속에서 또 다른 탐색이 이루어진다. 바로 변화의 대상을 찾는 것이다. 문제 해결에 필요한 결과물 또는 상황이 바로 변화의 대상이 된다. 마지막으로 그 대상을 변화시킬 방법을 찾아야 한다. 예를 들어 부동산 관련 뉴스나 책을 보면서 전세난이 가중될 것이라는 사실을 인지하면 전세자 입장에서는 고민스럽다. 전세자는 계속 전세를 살지, 월세로 전환할지, 집을 구매할지를 결정해야 한다. 만약 집을 구매하겠다는 목표가 선정되었다면 이제 경매, 공매, 일반 구매 중에서 방법을 결정해야 한다. 또한 책을 통해서 불안정한 노동시장을 인지하게 되면 변화의 대상으로 평생 할 수 있고 안정된 수입을 보장해 줄 직업을 찾는다. 그리고 자신에게 맞는 평생 직업을 찾게 되면 그 직업을 할 수 있는 방법을 찾아야 한다. 물론 이런 탐색과정에서 책만 이용되는 것은 아니다. 하지만 책은 다양한 정보를 쉽게 접할 수 있는 장점 때문에 많은 사람이 활용하고 있다.

결론적으로 탐색은 변화의 대상을 찾지 못한 사람들에게 궁극적인 독서 목적이 되고 변화의 대상을 찾은 사람에게는 변화가 궁극적인 목적이 된다.

이런 변화와 탐색은 뫼비우스의 띠와 같아서 끊임없이 순환한다. 즉 탐색을 통해서 변화의 대상을 찾고 변화가 완성되면 또 다른 변화의 대상을 찾는 것이다. 우리는 이런 순환 속에서 성장과 진화의 기회를 찾을 수 있다.

2. 변화를 만드는 독서에 필요한 요소

불을 피우기 위해서는 재료와 발화점 이상의 온도 그리고 산소가 있어야 한다. 맛있는 요리를 만들기 위해서는 신선한 재료와 올바른 조리 방법이 있어야 한다. 그렇다면 변화를 만드는 독서를 실천하기 위해서는 어떤 요소들이 필요할까?

여기에는 크게 주도성, 독서 원리, 독서 기술, 습관의 네 가지 요소가 필요하다. 주도성은 독서를 주도적으로 이끌어가기 위한 요소이고 원리는 독서가 변화를 만드는 과정을 보여준다. 그리고 기술은 실제로 독서를 실천하는 구체적인 방법을 제시하며 습관은 독서 기술을 생활에 접목해서 지속적인 실천이 가능토록 한다. 이 네 가지 요소를 고루 갖추고 독서를 할 때 원하는 변화를 더욱 빨리 맞이할 수 있다.

분량이 많은 독서의 원리와 기술은 다음 장에서 살펴보고 여기서는 주도성과 습관에 대해서 알아보자.

주도성 : 삶에 끌려 갈 것인가? 삶을 끌고 갈 것인가?

주도성은 '일을 스스로 이끌어가는 능력'으로서 스스로 독서를 계획하고 실천을 할 수 있도록 하는 능력이다. 이런 주도성을 갖춘 사람들은 자신의 의도대로 삶을 이끌어 가기 때문에 남다른 성과로 누구보다 앞서가는 모습을 보여준다. 반면에 주도성이 부족한 사람들은 누군가가 만들어 놓은 상황에 끌려가는 삶을 살며 현실만을 탓한다. 주도성을 갖춘 사람들을 살펴보면 다음과 같은 형태를 볼 수 있다. 먼저 성숙형은 일찍부터 인생의 목적과 목표를 발견하고 굳은 신념으로 묵묵히 자신의 길을 가는 사람이다. 우리는 이런 사람들을 철든 사람이라고 한다. 탐구형은 새로운 것에 대한 호기심이 강하고 배움을 즐긴다. 마치 공자처럼 배움 자체가 목적인 유형이다. 칭찬형은 타인의 인정과 칭찬이 그 무엇보다 중요하다. 그래서 칭찬을 받기 위해서 열심히 공부하고 일한다. 보통 각 가정의 둘째들이 이런 성향을 보이는 경우가 많다. 효자형은 효심이 깊은 사람들이 자신을 위해 고생하는 부모님을 편안하게 모시기 위해 주도적인 삶을 사는 경우다. 마지막으로 습관형은 구체적인 목적은 없지만 어릴 때부터 지속적인 교육을 통해서 습관적으로 행동화된 경우다. 이런 경우를 주도적이라고 볼 수는 없지만 외부에서 보면 스스로 움직이기 때문에 주도적인 것처럼 보인다. 여러분이나 우리 아이들이 이런 유형들에 해당된다면 얼마나 좋을까? 만약 이런 유형에 포함되지 않는다면 자신의 의지대로 삶을 이끌어 가기 위해서 주도성을 갖추기 위해 노력할 필요가 있다.

주도성을 갖추기 위해서는 비전·시간·실력 이렇게 세 요소가 필요하다. 비전은 나아갈 방향을 제시하고 시간은 우리에게 기회를 주고 실력은 비전을 실현할 수 있는 능력을 의미한다. 즉 자신이 주도할 삶의 비전이 부자라면 부를 쌓을 수 있는 실력과 부를 쌓을 수 있는 시간이 필요하다. 이 세 가지 요소는 서로 유기적으로 작동하기 때문에 하나라도 부족하면 삶을 자신의 의지대로 이끌어 가기 어렵다. 그런데도 대부분의 사람은 실력을 쌓기 위해서 공부와 독서에만 집중할 뿐 비전 관리와 시간 관리에 대해서는 소홀한 경우가 많다.

비전 관리 : 당신의 삶에서 독서의 역할은 무엇인가?

비전 관리는 구체적이고 세분화된 꿈, 지속적인 자극, 간절함으로 구성되어 있다. 구체적이고 세분화된 꿈이란 자신이 선정한 삶의 목적에 다가갈 수 있는 작은 목표들을 말한다. 만약 베스트셀러 작가가 목적이라면 한 번에 꿈을 이루기가 쉽지 않기 때문에 자신의 역량을 고려해서 구체적이고 세분화된 계단 같은 목표를 선정해야 한다. 글쓰기 책 50권 읽기, 하루에 한 페이지씩 글쓰기, 매년 책 한 권 출판하기 등과 같은 작은 계단이 있을 때 우리는 저 높이 있는 삶의 궁극적 목적에 다가갈 수 있다.

지속적인 자극이란 우리가 세운 비전을 잊지 않도록 자신에게 자극을 주는 행위다. 자신의 비전과 관련된 글이나 사진을 잘 보이는 곳에 붙여 두거나 그것을 가지고 다니면서 자주 보는 방법도 있고 그 꿈이 이루어졌을 때를 상상해 보는 방법도 있다. 『시크릿』이란 책에서는 이런 방법을 성공의 비밀이라고 이야기하고 있다. 앞에서 이야기한 두 가지는 명확하기 때문에 실천이 어렵지 않지만 간절함이란 요소는 보이지 않기 때문에 실천이 쉽지 않다. 그럼 비전에 대한 몰입을 가능하게 하는 간절함을 어떻게 얻을 수 있을까?

조앤 K. 롤링은 카페에서 『해리포터』를 저술하며 작품을 완성하지 못하면 더 이상 글을 쓰기 어렵고 월세조차 내지 못하는 삶에서도 벗어날 수 없다고 생각했을 것이다. 또한 2007년 영국 ITV〈브리튼즈 갓 탤런트〉에서 우승한 오페라 가수 '폴 포츠'와〈슈퍼스타 K-2〉의 우승자 '허각'은 보잘것 없는 과거로 돌아가지 않고 자신이 원하는 일을 하기 위해서 간절함을 담아 노래했을 것이다. 결국 그들의 간절함은 삶의 목적을 실현하고 자신을 최정상의 자리에 올려놓았다. 그렇다면 우리는 어떻게 간절함을 가질 수 있을까? 최악의 경험과 상황을 미리 인식하고 그것으로부터 벗어나려는 마음이 바로 간절함이 될 수 있다. 따라서 공부를 할 때는 공부를 하지 않았을 때 닥쳐

올 문제를, 취업을 할 때는 취업하지 못했을 때 닥쳐올 문제를 인식하면 더욱 간절한 마음으로 모든 일에 임할 수 있다. 이와 같은 세 가지 요소가 유기적으로 작동할 수 있도록 관리하는 것이 바로 비전 관리다.

그렇다고 꼭 독서를 중심으로 비전 관리를 하라는 것은 아니다. 독서는 당신이 그린 비전을 완성하는 데 필요한 도구다. 중요한 것은 당신이 만든 비전에서 독서의 역할을 명확히 부여하는 것이다.

시간 관리 : 당신의 삶에서 독서가 차지하는 시간은?

시간 관리는 가용 시간을 판단해서 비전 달성에 필요한 시간을 적절하게 배분하는 것이다. 시간 관리를 이야기하기 전에 시간의 특성에 대해서 살펴보자. 먼저 공평성이다. 직업이나 재산에 관계없이 누구에게나 하루 24시간이 주어진다. 이런 점을 볼 때면 신이 공평하다는 착각을 하기도 한다. 둘째는 차별성이다. 누구에게나 하루에 24시간이 주어지지만 그 시간의 가치는 개인마다 다르다. 어떤 이는 24시간을 20시간처럼 사용하고 어떤 이는 30시간처럼 사용한다. 셋째는 가속성이다. 시간의 속도는 나이에 비례한다. 정말 20대보다 30대가 빨리 가고 30대보다 40대가 빨리 가는 것 같다. 60대인 부모님의 시간은 얼마나 빨리 갈까? 넷째는 야생성이다. 시간은 야생마와 같아서 우리가 조금만 딴 짓을 하면 어느새 저 멀리 도망가 버린다. 이런 야생마 같은 시간에 올라타서 자신이 원하는 방향으로 끌고 가기 위해서는 많은 노력이 필요하다. 마지막으로 한계성이다. 2011년 개봉된 영화 〈인타임〉을 보면 시간은 돈이고 생명이다. 일을 해서 시간을 벌고 시간으로 필요한 것을 구매한다. 사람들은 1~2분 차이로 시간을 충전하지 못해서 죽기도 한다. 이 영화를 보면 시간의 한계성을 절실히 느낄 수 있다. 하지만 우리는 매일 24시간이라는 시간을 자동으로 충전받기 때문에 마치 시간을 마르지 않는 샘물처럼 여긴다. 그러나 누구에게나 할당된 시간의 양이 있다. 그것이 오늘이 될지 내일이 될지는 신만이 알 뿐이다.

시간 관리 방법은 대부분의 사람이 알고 있듯이 계획을 세우고 실천하고 피드백하는 것이다. 계획을 세울 때는 가용 시간 중 필수 시간을 제외한 시간에 자신의 목적이나 목표를 실현할 수 있도록 채우면 된다. 물론 입버릇처럼 시간이 없다고 투덜댈 수도 있다. 가용 시간이 부족하다면 하루에 버려지는 시간을 찾아보자. 쓸데없이 전화하고 스마트폰을 만지고 인터넷이나 TV를 보고 음식이나 버스를 기다리며 버려지는 시간들이 생각 외로 많다. 그 버려지는 시간만 잘 활용해도 독서뿐 아니라 수많은 일을 할 수 있다. 물론 계획은 계획이기 때문에 실천하다 보면 여러 가지 어려운 점이 있을 수밖에 없다. 이럴 때마다 피드백을 통해서 계획을 수정, 보완하면 된다. 현실과 타협해서 계획을 수정하라는 것이 아니라 자신의 상황과 능력을 고려해서 꾸준한 실천을 할 수 있도록 보완하라는 이야기다. 이렇게 세워진 계획을 잘 보이는 곳에 두고 수시로 체크하면 시간을 더욱 잘 관리할 수 있을 뿐만 아니라 독서할 시간도 만들 수 있다.

습관 : 현재의 습관이 미래의 당신을 만든다

습관의 가치와 중요성은 많은 책에서 언급하고 있으니 여기서는 독서 습관과 독서에 도움이 되는 생활 습관에 대해서 알아보자.

책과 나를 조화롭게 하는 독서 습관

첫째, 독서 계획표를 작성한다

독서 계획표는 자신의 독서 목적과 실천 방법을 구체화함으로써 효과적인 독서를 가능케 하고 연말에 자신의 독서를 돌아볼 때 중요한 자료로 사용된다. 독서 계획표 작성 방법은 다음과 같다.

나의 꿈 : 막연한 꿈보다는 사회복지사, 기자, 소설가와 같은 구체적인 꿈을 선정한다. 만약 좋은 부모 · 자식 또는 사람들에게 행복을 주는 사람 같은 막연한 꿈을 선정했다면 먼저 어떤 부모가 좋은 부모인지를 구체화하는 작업이 필요하다. 즉 돈을 잘 버는 부모, 아이들과 잘 놀아주는 부모, 아이와 친구같이 지내는 부모와 같이 구체적이고 실천할 수 있는 목표를 선정하는 것이 중요하다.

| 성명 : 홍 길 동 | | | | 나의 꿈 : 독서지도사 | | | |
| 독서 주제 : 독서, 글쓰기 | | | | 목표 권수 : 25권 | | | |

| 독
서
습
관 | – 출·퇴근 지하철에서 각 30분간 독서
– 점심 시간 중 20분 독서
– 독서 후 독서 기록장에 기록
– 책을 항상 휴대
– 매주 토요일 도서관에서 책 빌리기 | | | | | | |

구분	읽을 책	저자	출판사	구분	읽을 책	저자	출판사
1	탄탄한 독서력	곽동우	카시오페아				
…	…	…	…				
20	독서 혁명	곽동우	은행나무				

독서 계획표 양식

독서 주제 : 독서 주제는 꿈과 밀접한 관계가 있는 것으로 선정하고 가능하다면 좁은 영역의 주제를 선정한다. 요리사가 꿈이라면 요리를 주제로 하기보다는 일식, 중식, 한식 중 한 분야를 선정하는 것이 좋다. 넓은 분야를 한꺼번에 독서하기보다는 한 분야를 집중적으로 독서하고 성과가 있으면 다른 쪽으로 확장하며 독서하는 것이 더욱 빠른 결과를 얻을 수 있기 때문이다. 독서 주제가 선정되었다고 해서 그 주제의 책만 볼 필요는 없다. 독서 주

제는 전체적인 독서의 방향을 잡기 위한 것일 뿐, 좋은 책을 발견하면 기쁜 마음으로 읽으면 된다.

목표 권수 : 1년은 52주다. 설과 추석 명절을 제외하면 50주이니 50권을 선정한다면 1주일에 1권을 읽어야 하고 25권을 선정하면 2주에 1권을 읽어야 한다. 이는 자신의 능력과 여건을 고려해서 실천할 수 있도록 선정한다.

독서 습관 : 독서를 단순히 의욕만으로 실천하기에는 우리의 의지가 부족하다. 그래서 지속적인 실천을 위해서 구체적인 시간과 행동을 명시해서 습관으로 만들려는 노력이 필요하다. 막연하게 '시간 날 때마다 독서를 하겠다'는 식의 이야기는 독서를 하지 않겠다는 것과 같다. 따라서 자기 전 30분 독서하기, 가방에 항상 책 한 권 넣어 다니기, 출퇴근 지하철 30분간 독서하기 등과 같이 구체적이고 실천 가능한 독서 습관을 명시해서 실천하려는 노력이 필요하다.

도서 선정 : 독서 주제와 부합되는 책을 위주로 선정하되 자신이 개인적으로 보고 싶은 책을 포함해도 괜찮다. 한 번에 읽을 책을 작성해도 되지만 책을 읽어가며 만나는 책들로 채워 가도 된다. 독서 계획표가 완성되었다면 잘 보이는 곳에 붙여 놓고 자주 보면서 독서 의지를 유지하는 것이 중요하다.

둘째, 짬짬이 독서한다

현대인들은 정말 바쁘다. 그래서 차분하게 앉아서 책 읽는 것을 사치라고 말하는 이들도 있다. 이럴 경우 생활 속에서 버려지는 시간을 찾아보자. 지하철을 기다리면서 5~10분, 친구 또는 식당에서 음식을 기다리면서 5~10분 동안 짬짬이 독서를 하자. 분량에 상관하지 말고 계속 읽다 보면 생각보다 많은 양의 책을 읽고 있는 당신을 발견할 수 있다.

셋째, 일정한 시간에 독서한다

습관을 만들기 위해서는 매일 일정한 시간에 반복하는 것이 중요하다. 독서도 이와 같아서 아침 독서 30분, 점심 식사 후 30분, 잠들기 전 30분과 같이 자신의 상황에 맞는 시간대를 선택해 규칙적으로 책을 읽으면 습관을 만드는데 많은 도움이 된다. 이때 독서하는 시간보다 중요한 것이 시작 시간이다. 시작 시간은 가능하면 똑같은 시간에 시작하되 끝나는 시간은 상황에 맞춰 정하면 된다.

넷째, 독서 모임에 참석한다

학교 · 도서관 · 직장을 보면 독서 모임 하나 정도는 있다. 이런 책 읽는 시스템에 들어가면 자신이 쉽게 경험하지 못하는 분야의 책을 읽을 수 있다. 그리고 다른 사람들과의 대화를 통해서 책을 다양한 각도에서 볼 수 있을 뿐만 아니라 독서 에너지가 떨어졌을 때 이를 충전할 수도 있다. 혼자서 독서하기 어려운 사람은 이런 독서하는 시스템을 활용하면 한 달에 최소 한 두 권 이상의 책을 꾸준히 읽을 수 있다.

다섯째, 독후 활동으로 글을 쓴다

책을 읽고 글을 쓰는 것은 정말 피곤한 일이지만 독서의 유익함을 배가시킬 수 있는 과정이다. 그렇다고 500자 이상 또는 한 페이지씩 쓸 필요는 없다. 처음에는 그저 '언제 어떤 책을 읽었다'는 식으로 쓰면 된다. 그리고 간단한 느낌이나 좋은 문장들을 옮겨 적으면 된다. 그렇게 시작해서 글쓰기가 익숙해지면 글의 양을 조금씩 늘려간다. 물론 글의 형식도 중요하지 않다. 서평, 독후감, 시 등 자신이 쓰고 싶은 형식으로 작성하면 된다.

책과 삶을 조화롭게 하는 생활 습관

첫째, 책장을 잘 보이는 곳에 배치한다

집에서 가장 잘 보이는 곳에는 무엇이 있을까? 대부분 TV와 소파일 것이다. 책장은 아이들 방이나 집 한 구석에 위치한 경우가 많다. 이런 경우 우리는 쉽게 볼 수 있고 자주 접하는 TV에 친밀감을 더 느끼게 된다. 반대로 책장을 잘 보이는 곳에 배치하면 어떨까? 책이 보이지 않을 때보다 책과 접할 수 있는 기회와 독서할 수 있는 시간이 늘어날 수 있다. 그렇다고 당장 거실에서 TV와 소파를 빼라는 이야기가 아니다. 집안의 동선을 고려해서 적어도 책 제목 정도는 보일 수 있는 곳에 책장을 설치하라는 것이다.

둘째, 스마트폰, 컴퓨터 사용 시간과 TV 시청 시간을 줄인다

방송통신위원회의 '2014년 방송매체 이용 행태 조사'에 따르면 우리나라 국민의 스마트폰 하루 평균 이용 시간은 1시간 17분이고 통계청 '2014년 생활 시간 조사'에 따르면 하루 평균 TV 시청 시간은 2시간 41분이라고 한다. 독서는 시간이 없어서 못한다고 이야기하면서 스마트폰이나 TV에 투자되는 시간은 생각보다 많다. 이런 시간을 조금이라도 줄일 수 있다면 독서 시간을 충분히 확보할 수 있다.

셋째, 책 읽는 사람과 자주 관계를 가진다

근묵자흑(近墨者黑-검은 묵이 가까이 있으면 검게 변한다)은 나쁜 친구와 어울리는 것을 경계하라는 의미로 사용되는 고사성어다. 이를 긍정적으로 해석하면 좋은 친구를 가까이하면 좋은 영향을 받을 수 있다고 풀이할 수도 있다. 즉 독서를 잘하고 열심히 하는 사람과 자주 어울리면 그의 영향으로 자신의 독서에 여러 가지 도움을 받을 수 있다는 것이다. 따라서 주변에 독서하는 사람을 찾아서 자주 시간을 가져라. 만약 없다면 도서관 모임, 독서 카페, 서평 카페 모임에 참석하는 것도 좋은 방법이다. 극소수이지만 독서를 주제로 모여서 술로 시작해 술로 끝나는 모임도 있으니 가려서 참석할 필요가 있다.

넷째, 약속 장소로 도서관 또는 서점을 이용한다

약속을 잡다 보면 약속 시간보다 빨리 나갈 때도 있고 상대가 늦게 와서 기다리는 경우도 있다. 기다리다 보면 지루하고 시간도 아깝다. 어떤 경우에는 화가 나기도 한다. 그렇다면 약속 장소를 도서관이나 서점으로 정하면 어떨까? 기다리는 동안 책을 읽을 수도 있고 신간 도서를 둘러 볼 수도 있다. 나는 서점에 가면 책 제목을 즐겨 읽는데 기발하고 재미난 제목을 보는 것만으로도 즐겁다. 그리고 가끔 깊이 있는 질문을 던지는 제목을 볼 때면 잠깐 동안이나마 사색에 잠기기도 한다. 이러다 보면 시간도 잘 가고 기다리는 시간도 유익한 시간이 된다.

다섯째, 책을 항상 가지고 다닌다

눈에서 멀어지면 마음에서도 멀어진다고 했다. 우리가 핸드폰에 각별한 애정을 가지는 것은 콘텐츠의 힘도 있겠지만 늘 손닿는 곳에 두고 자주 만져주기 때문이다. 책 한 권을 항상 가방에 넣고 다니면 어떨까? 책장에서만 만나는 책보다는 친밀감이 높아지지 않을까? 항상 책을 가지고 다닌다고 해서 꼭 읽어야 한다는 부담을 가질 필요는 없다. 책을 가지고 다니는 것은 손닿는 곳에 책이 있는 환경을 만드는 데 그 의미가 있기 때문이다. 또한 책을 읽지 않고 가지고 다니는 것만으로도 유익하다. 바로 부족한 운동을 대신해 근력 향상에 도움을 주기 때문이다.

이제까지 이야기한 독서 습관과 생활 습관 외에도 수많은 습관이 있다. 수많은 습관 중 자신의 상황과 수준을 고려해 충분히 실천할 수 있는 것을 찾아보자. 만약 선택한 습관을 자신의 것으로 만들 수 있다면 독서가 삶에 더욱 쉽게 녹아들 수 있을 것이다.

Part 3

어떻게
읽을 것인가?
: 독서의 원리

유명한 독서가들은 책을 통해서 자신이 만들어 낸 성과를 제시하고 자신의 독서법이 얼마나 대단한지를 강조한다. 그리고 자신의 독서법을 따라하면 누구나 자신과 같은 성과를 얻을 수 있다고 말한다. 책을 잘 읽고 싶은 사람들에게는 귀가 솔깃할 수밖에 없는 이야기다. 그래서 독서를 잘하고 싶은 마음에 여러 가지 독서 방법을 공부하고 적용해 보지만 생각보다 만족스러운 결과를 얻기란 쉽지 않다. 그러면 사람들은 자신의 능력이 부족하다고 생각하거나 독서법을 탓하기도 한다.

능력이란 '일을 감당해 낼 수 있는 힘'으로서 처음부터 능력이 있는 사람을 우리는 천재라고 부른다. 우리는 천재가 아니라 보통 사람이기 때문에 필요한 능력을 채워가야 한다. 이때 중요한 것은 자신에게 필요한 능력을 파악하고, 기술의 습득과 훈련을 통해서 꾸준히 능력을 키워가는 것이다. 세상에 나와 있는 독서법들은 나름대로 긍정적인 결과를 만들었기 때문에 알려질 수 있었다. 따라서 독서법들 중에 나쁘거나 틀린 방법은 없다. 다만 나에게 맞는 독서법과 맞지 않는 독서법이 있을 뿐이다. 결론적으로 자신의 능력이나 독서법을 탓하기보다는 자신의 부족한 부분을 인지하고 수준에 맞는 독서법을 선택해야 한다. 그리고 그것을 지속적으로 훈련해야 책을 통한 성장을 실현할 수 있다.

그렇다면 어떻게 자신에게 맞는 독서법을 찾을 수 있을까? 보통 대중성과 인지도를 선택의 기준으로 삼는 경우가 많은데, 선택의 기준은 자신의 목적과 수준이 되어야 한다. 문제는 이런 목적과 수준이 사람들마다 천차만별이기 때문에 쉽게 이야기하기 어렵다는 점이다. 하지만 스스로 자신의 목적과 수준을 찾을 수 있도록 필요한 정보를 제공하는 것은 가능하다. 그 정보가 바로 독서의 원리다. 원리란 '사물의 근본이 되는 이치'로서 모든 기술은 기본 원리에서 출발한다. 따라서 독서의 원리를 알면 수많은 기술 속에서 흔들리지 않고 필요한 기술을 선택할 수 있다.

독서의 원리는 '독서 발달 단계, 독서시스템, 사고의 비밀' 세 가지로 구성되어 있다. '독서 발달 단계'에서는 독서에 필요한 단계별 능력과 자신의 수준 파악 그리고 필요한 기술을 배울 수 있다. '독서시스템'에서는 독서가 변화를 만드는 과정을 볼 수 있다. 마지막으로 '사고의 비밀'에서는 사고의 가치, 독서와 사색의 관계, 사고의 방법론에 대해서 이야길 나누려 한다. 이와 같은 독서의 원리는 수많은 독서법 속에서 더 좋은 독서법을 찾아 헤매는 당신에게 선택의 혜안을 제공할 것이다.

1. 나의 독서 수준을 알아보자 : 독서 발달 단계
친밀성 단계 - 인지 단계 - 사고 단계 - 표현 단계 - 창조 단계

처음 수영을 배우러 가면 폼나는 자유형이나 접영보다는 물에 적응하는 시간을 갖도록 하면서 발차기와 팔 돌리기 같은 아주 기초적인 내용만을 가르쳐 준다. 이런 기초가 끝나면 자유형 – 배영 – 평형 – 접영 순으로 영법을 배우게 된다. 성격이 급한 사람에게는 이런 과정이 답답하게 느껴질 수도 있다. 하지만 체계적인 교육시스템은 각 개인의 수준에 맞는 프로그램을 제공함으로써 교육 효과를 높인다. 또한 각 개인의 수준을 파악하고 부족한 점을 보완하는 데 도움이 된다.

독서 교육도 유아 독서, 어린이 독서, 청소년 독서, 성인 독서, 부모 독서처럼 성장 단계 또는 교육 대상에 따라 나누거나 동화반, 인문학반처럼 책의 난이도와 주제에 따라 단계를 나누어서 교육을 진행하고 있다. 이런 교육을 통해서 사람들은 독서에 입문하고 독서를 더욱 깊이 있게 공부할 수 있었다. 언뜻 보기에는 체계적인 교육시스템처럼 보이고 아무런 문제가 없어 보인다. 그렇다면 독서에 필요한 능력은 무엇일까? 독서 능력의 차이는 어디에서 오는 것일까? 단편적으로 인지 능력, 사고 능력, 이해력, 독서량이라고 말하는 경우가 대부분이다. 독서는 한두 가지의 능력으로 이루어지는 것이 아니라 다양한 능력이 복합적으로 작동한다. 따라서 독서를 효과적으로 하기 위해서는 독서 수준을 좌우하는 능력을 파악하고 그 요소들 간의 관계를 이해할 필요가 있다. 그 이해에 필요한 것이 바로 '독서 발달 단계'다.

독서 발달 단계는 독서에 필요한 요소인 친밀성 단계 – 인지 단계 – 사고 단계 – 표현 단계 – 창조 단계 순으로 구성되어 있다. 어떤 이는 '독서를 할 때 글자만 읽을 수 있으면 되지 무슨 단계가 필요하냐'라는 의문을 가질 수도 있다. 물론 글자만 잘 읽어도 독서는 가능하지만 독서에 필요한 능력을 인지하고 자신에게 부족한 부분을 채울 수 있다면 더욱 효과적인 독서를 할 수 있다. 예를 들어 여러분의 자녀가 책을 좋아하지 않고 글 읽는 것도 싫어한다. 그런데도 독서가 좋다는 이유만으로 강요하면 어떻게 될까? 친밀성이 없는 친구와 놀거나 일을 하는 것은 정말 따분하고 재미없다. 결국 아이는 책과 형식적으로 놀 뿐 깊이 있는 관계로 발전하지는 못한다. 이는 아이들뿐만 아니라 남녀노소 누구에게나 해당되는 이야기다.

학교와 사회에서 독서가 강조되면서 눈에 보이는 독후 활동 즉 토론, 글쓰기와 같은 표현이 부각되고 있다. 표현은 독서를 통해서 얻게 된 책 내용과 개인의 느낌 같은 다양한 생각을 나타낸다. 그런데 책의 내용을 파악하는 인지 단계와 토론과 글쓰기 내용을 생산하는 사고 단계가 미흡한 이들에게는 할 말도, 쓸 내용도 없는 것은 당연하다. 재미난 사실은 이런 문제를 사람들은 이미 알고 있다는 것이다. 토론이나 책 내용을 나누다 보면 부족한 이들에게 "넌 책을 제대로 읽었냐"며 책 내용의 인지 정도를 묻는다. 그리고 표현이 부족할 때는 "생각을 신중하게 하라"고 독려한다. 이처럼 우리는 체계적으로 알지는 못하지만 책 내용을 파악하는 것은 인지 단계와 관계 있고 표현은 사고 단계와 관계 있다는 사실을 이미 알고 있다.

많은 사람들이 독서가 창의적 인재 양성에 도움이 된다고 이야기한다. 물론 맞는 이야기지만 무조건 독서만 한다고 해서 창의적 인재가 되는 것은 아니다. 세상의 모든 기술에는 단계가 있듯이 독서에도 단계가 있다. 우리는 이런 단계를 통해서 필요한 능력을 갖춘다면 독서 능력이 향상될 뿐만 아니라 창의적 인재로 거듭날 수 있다. 물론 독서를 즐거움과 재미의 수단으로밖에 사용하지 않는 이들에게는 이런 단계가 무의미하다. 하지만 독서 능력을 향상시키고 싶은 이들에게는 자신의 부족한 부분을 찾고 보완할 수 있는 기회가 될 것이다.

1단계. 책과 친구가 되는 친밀성 단계

知之者 不如好之者 好之者 不如樂知者

(지지자 불여호지자, 호지자 불여락지자)

: 아는 사람은 좋아하는 사람만 못하고 좋아하는 사람은 즐기는 사람만 못하다. 『논어』

독서의 교육적 · 사회적 · 인성적 가치가 부각되면서 독서하는 사람들이 늘었지만 작심삼일(作心三日)로 끝나는 경우가 많다. 독서를 지속적으로 하지 못하게 하는 이유로 '시간이 없다, 목적 의식이 부족하다, 독서 방법을 잘 모른다, 의지가 약하다'와 같은 이야기를 많이 한다. 물론 맞는 이야기지만 가장 근본적인 이유는 독서와 책이 익숙하지 않기 때문이다. 책을 들고 글을 읽는 행위 자체가 불편한 것이다. 이는 친한 사람들과는 오랜 시간을 함께 보내도 지루하지 않지만 낯선 사람과는 짧은 시간도 지루하게 느껴지는 것과 같다.

독서하는 사람들을 살펴보면 세 가지 유형이 있다. 의무감에 책을 읽는 첫 번째 유형은 독서의 중요성을 알기 때문에 의무적으로 독서하는 이들이다. 많은 사람이 이 부류에 속한다. 사회적으로 독서의 가치와 중요성이 강조되면서 독서를 하지 않으면 뒤쳐질 것 같은 두려움과 막연한 의무감에 책을 잡는 사람들이다. 이들은 독서의 가치를 머리로만 알뿐 책을 좋아하거나 즐기지는 않는다. 읽는 책은 주로 베스트셀러, 추천 도서 또는 과제와 업무에 관련된 책을 읽지만 시간이 없다는 이유로 책을 가까이 하지는 않는다.

책을 읽는 두 번째 유형은 독서를 좋아서 하는 사람들이다. 이들은 책의 가치를 가슴으로 느끼는 사람들로서 시간을 내어 독서를 하려고 노력한다. 또한 책을 좋아하고 자신이 모르는 사실을 알게 됨을 즐긴다. 가끔 책을 읽기보다 책 자체를 좋아하는 사람들이 있다. 이들은 읽지도 않으면서 마음에 드는 책을 사거나 도서관에서 책을 빌려 자신의 주변에 쌓아 둔다. 이런 분류의 사람들은 책을 좋아할 뿐 독서를 좋아한다고 말하기는 어렵다. 하지만 이런 현상은 대체로 첫 번째 유형에서 두 번째 유형으로 넘어 가는 과정에서 종종 볼 수 있는 긍정적인 모습이다.

세 번째 유형은 독서를 즐기는 사람들이다. 이들은 안중근 의사의 말처럼 하루라도 책을 읽지 않으면 입 안에 가시가 돋는다. 그래서 늘 주변에 책이 있고 시간이 날 때마다 독서를 한다. 이들은 독서가 삶의 사이사이에 녹아 있기 때문에 책이나 독서가 특별한 것이 아니라 그저 삶의 일부일 뿐이라고 말한다.

우리 자신 또는 자녀들이 독서를 즐기는 사람이면 얼마나 좋을까? 즐기지 못하더라도 독서를 좋아하는 사람이라도 되었으면 하는 바람은 누구나 가지고 있을 것이다. 그렇다면 독서를 좋아하고 즐기기 위해서 무엇이 필요할까? 혹자는 목적 의식 또는 의지라고 하지만 근본적으로 책과 글에 대한 친밀성이 더 중요하다. 여기서 친밀성이란 익숙해져 불편하지 않음을 말한다. 아무리 몸에 좋은 음식과 옷이라도 자신에게 불편한 것은 오래가지 못한다. 물론 소수의 사람은 투철한 목적 의식으로 어색하고 불편한 것을 참고 익숙해져 성공하는 경우도 있다. 하지만 우리 아이들이나 보통 사람들이 재미없고 불편한 것을 참고 견딘다는 것은 쉬운 일이 아니다.

우리는 책과 글에 대해서 얼마나 친밀성을 가지고 있을까? 몇 가지 습관을 통해서 책에 대한 친밀도를 알아보자.

먼저 독서보다 책을 더 좋아한다면 친밀성은 하(下)다. 이는 독서보다 책에 대한 욕심과 애정이 많은 경우다. 그래서 서점에 가면 책을 꼭 사고 도서관에 가면 책을 과도하게 빌리지만 다 읽는 경우는 드물다. 그렇다고 이를 나쁘다고 할 수는 없다. 왜냐하면 책 욕심이 더러 독서에 대한 욕심으로 발전하는 경우가 있기 때문이다.

책을 늘 휴대하거나 늘 곁에 책이 있다면 친밀성은 중(中)이다. 이 단계에 있는 사람들은 책에 대한 애착이 강하고 독서하려는 의지가 높다. 물론 늘 책을 가지고 다니고 곁에 있다고 해서 꼭 책을 읽는 것은 아니다. 그렇지만 항상 독서할 준비가 되어 있다는 점에서 친밀도가 높다고 평가한다. "눈에서 멀어지면 마음에서 멀어진다"고 했듯이 주변에 책이 없으면 책을 읽고자 하는 마음도 생기기 어렵다. 따라서 책을 읽지 않더라도 책을 늘 가까이 하는 습관은 독서하고자 하는 마음을 충분히 자극할 수 있다.

매일 시간과 분량에 관계없이 책을 읽는다면 친밀성은 상(上)이다. 하루라도 책을 읽지 않으면 입 안에 가시가 돋는 사람들로서 특별히 책 읽는 시간 또는 분량을 정해 놓지는 않지만 늘 책을 읽는다. 이들에게 독서는 삶의 일부분이며 책은 생필품이기 때문에 독서를 뺀 삶이란 있을 수 없다.

친밀성을 기르기 위해서는 책과 긍정적인 접촉이 지속적으로 이루어져야 한다. 성인이라면 베스트셀러 또는 인문 고전 같이 다른 사람들이 좋다고 하는 책보다는 자신이 좋아하고 재미있는 책을 읽으면 된다. 그것이 동화책 또는 만화책이라도 상관없다. 책과 글에 대한 친밀성을 만드는 것이 목적이므로 재미와 즐거움을 주는 책을 부담 없이 읽으며 책과의 긍정적인 접촉을 지속적으로 가지면 된다. 아이들에게는 유태인들처럼 성경에 꿀을 바르는 것도 좋은 방법이겠지만 우선은 그들이 좋아하는 책을 읽어주는 것이 중요하다. 그리고 혼자 읽을 수 있는 힘이 생기면 자신이 좋아하고 관심 있는 분야의 책을 읽도록 지도한다. 아이들에게 책을 읽어 줄 때는 하루에 일정한 시간을 꾸준히 읽어주는 등 소소한 기술이 필요한데 짐 트렐리즈의 『하루 15분 책 읽어주기의 힘』이라는 책을 참고하면 많은 노하우를 얻을 수 있다.

가끔 책과 익숙해졌다는 조급한 마음에 책의 수준을 갑자기 높이거나 너무 많은 것을 얻으려고 한다. 이런 경우 기존에 만들어진 친밀성까지 해칠 수 있기 때문에 주의해야 한다. 따라서 적어도 친밀성이 중(中) 단계가 될 때까지는 책에서 너무 많은 것을 얻으려고 욕심 부리지 않는 것이 좋다.

친밀성 단계는 아이들에게나 필요하다고 생각하는데 독서를 시작하는 남녀노소 누구에게나 중요한 단계다. 독서의 사상누각(沙上樓閣)을 만들고 싶지 않다면 쉽게 보이는 친밀성 단계부터 차근차근 나아가야 한다.

2단계. 책에 담긴 내용을 파악하는 인지 단계

책은 20%의 핵심 정보와 80%의 보조 정보로 구성되어 있다.

불교 경전 『열반경』을 보면 인도의 어떤 왕이 장님들에게 코끼리를 만져 보게 하고 코끼리에 대해서 설명하도록 하는 이야기가 있다. 여러분은 장님들이 각자가 만진 부분을 코끼리라며 자신 있게 말하는 모습을 보면서 웃은 기억이 있을 것이다. 하지만 이런 일은 우리 일상에서도 빈번하게 일어나고 있다. 같은 책과 영화를 봤는데도 대화를 나눠보면 서로 다른 이야기를 하는 경우가 종종 있다. 개인적인 느낌이나 생각이 다르기 때문이라고 할 수도 있지만 주요 내용에 대한 설명도 다른 경우가 있다. 이는 각자가 중요하게 여기는 생각의 초점에 따라 받아들이는 정보가 다르기 때문이다. 즉 자신이 재미있게 읽었거나 감명 깊게 본 내용을 중심으로 이야기하는 것이다.

책이 담고 있는 다양한 정보를 통해서 우리는 많은 유익함을 얻는다. 하지만 그 유익함의 정도는 저자와의 소통 수준에 따라 달라진다. 단순하게 책에 나온 정보를 활용하고 인용하는 것만으로도 유익하지만 저자가 책을 통해서 전하고자 하는 것이 무엇인지를 파악할 수 있을 때 더 많은 유익함을 경험할 수 있다. 이를 위해서는 저자가 책을 쓰는 과정을 살펴볼 필요가 있다. 저자는 책을 쓰기 위해서 먼저 자신이 독자에게 전할 메시지를 선정한다. 그리고 그 메시지를 독자들에게 효과적으로 전달하기 위해서 글을 구성하고 그 구성에 따라 핵심 정보를 배치한다. 그리고 간략한 핵심 정보를 효과적으로 설명하기 위해서 다양한 사례로써 글을 풍성하게 만들면 책이 완성된다. 우리는 이렇게 완성된 책을 읽으며 수많은 이야기 중 저자가 책 전체에 깔아둔 핵심 정보를 찾아서 각각의 관계를 탐구하며 글의 구성을 파악한다. 그리고 그 구성을 통해서 저자가 독자들에게 전하고자 했던 메시지를 찾을 때 저자와 소통할 수 있다.

저자 → **메시지** → **구성** → **핵심 정보** → **책** → **독자**

저자와 독자의 소통과정

이처럼 책 내용을 제대로 이해하고 저자와 소통하기 위해서는 핵심 정보, 구성, 저자의 메시지라는 인지 대상을 파악해야 한다. 먼저 핵심 정보란 이야기 전개에 필수적인 내용으로 각 장 또는 단락의 중심 내용을 말한다. 저자는 책에 자신이 하고 싶은 이야기를 다양한 내용으로 풀어 놓았다. 그 내용들은 보통 파레토의 법칙처럼 핵심 정보 20%와 이를 설명하는 보조 정보 80%로 구성되어 있다. 핵심 정보를 파악하기 위해서는 글의 핵심 단어를 체크해서 연결하거나 첫 문장 또는 끝 문장들을 잘 살펴보면 쉽게 찾을 수 있다.

핵심 정보를 찾았다면 이제는 구성을 찾아야 한다. 구성은 이야기의 흐름으로서 보편적으로 문학은 발단 - 전개 - 위기 - 절정 - 결말로, 비문학은 서론 - 본론 - 결론으로 구성되지만 경우에 따라 시간적 구성, 인과적 구성, 핵심 정보적 구성 등이 사용되기도 한다. 핵심 정보를 통해서 이야기의 부분적인 내용을 인지했다면 구성을 통해서는 이야기의 전체적인 내용을 파악할 수 있다. 그렇다면 어떻게 구성을 파악할 수 있을까? 앞에서 찾은 핵심 정보와 뒤에서 찾은 핵심 정보 간의 관계성을 파악하면 이야기의 흐름 즉 구성을 파악할 수 있다. 통상적으로 책을 읽고도 제대로 이해하지 못하는 이유는 책의 핵심 정보들을 파악하지 못했거나 구성, 즉 내용의 앞뒤 관계를 제대로 파악하지 못한 경우가 대부분이다.

마지막으로 저자의 메시지다. 책은 저자가 독자들에게 전하고 싶은 메시지를 다양한 이야기와 설명을 통해서 전달한다. 따라서 우리는 책에 적힌 수많은 글자를 읽음과 동시에 저자가 숨겨 놓은 메시지도 읽어야 한다. 하지만 대부분의 사람은 저자의 생각을 읽기보다는 책 내용을 자의적으로 해석해 버리는 경우가 많다. 그 좋은 예가 바로 『논어』다.

논어에서 공자는 춘추전국시대의 혼탁한 세상을 보면서 전쟁 없는 평화로운 세상을 꿈꾸었다. 그리고 그런 세상을 만들고자 인(仁: 사랑) 사상을 강조하고 실천 방법으로 예(禮)를 이야기했다. 하지만 사람들은 공자의 메시지는 보지 않고 눈에 보이는 예(禮)만을 강조했다. 결국 유교를 국교로 삼은 조선은 공자가 진정 전하고자 했던 사상과 그가 만들고자 하는 세상과는 거리가 먼 나라가 되었다. 즉, 허례허식(虛禮虛飾)이 만연하고 사농공상(士農工商)으로 경직된 나라가 된 것이다.

본인의 인지 능력은 어느 정도일까?

인지 능력의 정도는 인지의 대상이 되는 핵심 정보, 구성, 메시지 파악 능력을 통해서 알 수 있다. 어린이부터 어른까지 모두 알고 있는 『콩쥐와 팥쥐』를 예로 살펴보자.

『콩쥐와 팥쥐』를 읽고 우리는 어떤 핵심 정보를 얻을 수 있을까? 어머니가 돌아가시고 아버지는 팥쥐가 있는 새어머니를 맞이하고, 새어머니가 콩쥐를 괴롭히고, 동물들이 콩쥐를 도와주고, 콩쥐가 원님 앞에서 신발을 잃어버리고 잔치에서 원님이 신발의 주인인 콩쥐를 찾아서 결혼한다는 등의 정보를 찾을 수 있다. 이뿐만 아니라 수많은 소소한 정보를 찾을 수 있지만 중요한 것은 이야기 전개에 필요한 핵심 정보를 찾는 일이다. 책을 읽고 각 장 또는 각 단락의 핵심 정보를 파악할 수 있다면 당신의 인지 능력은 하(下)다.

인지 능력의 중(中)은 구성을 파악할 수 있어야 한다. 구성은 앞에서 찾은 핵심 정보들을 이야기의 흐름에 따라 연결하는 작업이다.

> **발단** : 어머니가 돌아가시고 아버지는 팥쥐가 있는 새어머니를 맞이한다.
> **전개** : 새어머니는 콩쥐를 차별하고 괴롭힌다.

위기 : 콩쥐가 고을 잔치에 가고자 하지만 해야 할 일이 너무 많아 고민하고 있을 때 동물들과 선녀가 도와줘 잔치에 갈 수 있게 된다.

절정 : 콩쥐가 고을 원님 앞에서 신발을 잃어버리지만 잔치에서 원님이 신발의 주인인 콩쥐를 찾게 된다.

결말 : 콩쥐는 고을 원님과 결혼을 해서 행복하게 살게 된다.

이렇게 책의 전체적인 구성을 파악하면 이야기가 한눈에 들어오면서 책을 더욱 쉽게 이해할 수 있다. 물론 부분적인 핵심 정보만으로도 책의 가치를 얻을 수 있지만 이렇게 책의 전체적인 모습을 파악할 수 있을 때 저자가 전달하고자 하는 책의 가치를 제대로 읽을 수 있다.

인지 능력의 상(上)은 저자의 메시지를 파악할 수 있어야 한다. 저자는 자신이 전하고 싶은 메시지를 서문 또는 본문에 담거나 다른 사람의 입을 빌려 이야기한다. 우리는 그 이야기들 속에서 저자가 전하고자 하는 바를 찾아야 하지만 대부분의 사람은 저자가 들려주는 재미난 이야기에만 귀를 기울이거나 내용의 의미를 자의적으로 해석하는 경우가 많다. 앞에서도 언급했듯 책은 저자가 전하고자 하는 메시지를 다양한 글에 담아서 전하는 도구이며 우리는 독서라는 행위를 통해서 저자가 책에서 전하는 메시지를 파악해야 한다. 하지만 저자의 메시지를 찾는 일은 쉬운 일이 아니다. 『콩쥐와 팥쥐』처럼 권선징악(勸善懲惡)이라는 저자의 메시지가 쉽게 드러나는 책도 있지만 대체적으로 저자의 메시지는 책 전체에 녹아 있기 때문이다.

하지만 저자의 메시지를 찾을 수 있는 방법도 있다. 먼저 책에서 핵심 정보와 구성을 파악한다. 그리고 저자의 시대적 배경과 성장 배경을 분석한다. 이렇게 수집된 정보들을 바탕으로 저자의 메시지를 추론할 수 있다. 하지만 저자의 메시지를 찾더라도 솔직히 저자에게 물어 보지 않는 이상 그 메시지가 정답인지는 알 수 없다. 그렇지만 우리는 이런 과정을 통해 책에서 더 많은 것을 찾을 수 있고 사고 능력 중 최고 기술인 추론 능력까지 훈련할 수 있다.

이런 인지 능력을 향상시키기 위해서는 책을 읽으며 중요한 문장에 줄을 긋거나 메모하는 습관을 가지면 좋다. 그리고 각 장 또는 단락을 읽은 후 사색의 시간을 통해서 행간의 의미를 파악해 보는 것도 좋은 방법이다. 여력이 되면 『독서 혁명』에 있는 숫자 · 단어 · 문장 인지 훈련을 병행하는 것도 좋은 방법이 될 수 있다. 하지만 가장 효과적인 방법은 자신의 여건과 수준에 맞는 책을 선택해서 저자가 책에서 전하는 핵심 정보와 구성 그리고 메시지를 찾는 훈련을 지속적으로 하는 것이다.

3단계. 책을 소화하는 사고 단계

독서만 하고 사고가 없는 사람은 그저 먹기만 하려는 대식가와 같다. 아무리 영양 많고 맛 좋은 음식이라도 위액을 통해 소화하지 않고서는 아무런 이로움이 없다. – 실베스터

강의를 진행하다 보면 다음과 같은 질문을 종종 받는다.

> "독서를 하면 자신의 탁월함을 발견하거나 삶의 변화를 이끌 수 있다고 하는데 왜 저는 안 될까요? 혹시 책의 수준이 낮거나 독서량이 부족한 걸까요?"

독서를 단순히 취미로 하는 경우도 있지만 대부분의 사람은 사고력 계발, 지식 함양, 지혜의 습득과 같이 어떤 긍정적 결과를 기대하며 독서를 한다. 하지만 자신이 원하는 결과를 얻기란 쉬운 일이 아니다. 사람들은 이럴 때마다 자신의 독서량 또는 책의 수준을 의심하는데 이보다는 다른 곳에 문제가 있는 경우가 더 많다.

우리는 건강을 위해서 몸에 좋은 음식을 골라 먹지만 모든 음식이 체내에 흡수되지는 않는다. 소화 능력에 따라 일정량만 흡수되고 나머지 음식들은 배변 활동을 통해 몸 밖으로 배출된다. 그런데 만약 소화 기능이 작동하

지 않으면 어떻게 될까? 그리고 소화 기능이 작동하지 않는 상태에서 좋은 음식을 많이 섭취하면 어떻게 될까? 이런 경우 원하는 결과를 얻지 못하고 시간과 비용만 낭비될 뿐이다. 앞에서 질문을 한 교육생의 경우도 바로 이런 경우와 같다. 책은 음식과 같아서 소화라는 과정이 있어야 책의 영양분을 얻을 수 있다. 하지만 많은 사람이 독서의 질과 양에 대한 맹신으로 책을 소화할 기회를 가지지 못하고 있다. 결국 이런 과정이 반복되면 책의 질과 양에 집착하는 대식가형 독서가가 될 뿐이다.

우리는 책을 읽으며 많은 감동과 유용한 정보를 얻는다. 하지만 이렇게 얻은 책의 유익함이 머무는 시간은 아주 짧다. 에빙하우스의 망각 곡선에서 보듯이 기억은 1시간이 지나면 50%를 잊어버리고 한 달이 지나면 80% 이상이 사라져 버린다. 따라서 우리는 책에서 얻은 유익함이 사라지기 전에 소화하려는 노력이 필요하다. 그렇다면 어떻게 책을 소화할 수 있을까? 에빙하우스의 이야기처럼 규칙적인 반복을 해야 한다고 생각할 수도 있다. 하지만 먼저 책에서 중요한 내용을 선별해서 반복할 대상을 구체화하는 작업이 필요하다. 바로 이것이 책을 소화하는 과정이다. 독서 명언에서는 이런 소화과정을 사색, 사고, 생각과 같은 단어로 표현하고 있다.

생각하지 않고 읽는 것은 씹지 않고 식사하는 것과 같다. – E. 버크

물론 우리도 책을 읽은 후 사색을 해야 한다는 것쯤은 알고 있다. 하지만 우리는 이런 사실을 머리로만 알고 있을 뿐 실천을 거의 하지 않고 있다. 그렇다면 우리의 사고 수준은 어떨까?

책을 읽고 '재미있었다, 좋았다, 슬펐다' 등과 같이 자신의 감정이나 생각을 간단하게 표현한다면 사고력은 하(下)다. 이런 결과에 놀랄 수도 있겠지만 대부분의 사람은 자신의 감정과 생각을 몇 마디 단어로 정의하려고 한다. 특히 학생들의 독서록을 살펴보면 자기 반성과 더불어 '참 재미있었다, 재미없었다, 슬펐다, 주인공을 본받겠다, 열심히 살겠다' 등과 같은 단순한 느낌과 다짐 등이 대부분을 차지한다. 이는 학습과 문화 등으로 형성된 관습적 사고에 따라 비슷한 상황을 적합한 단어 몇 마디로 정의하는 것일 뿐 진정한 자신의 느낌이나 생각이라고 말하기는 어렵다.

다음으로 책의 핵심 정보와 구성을 파악하고 자신의 감정과 생각에 대해 구체적으로 이야기할 수 있다면 사고력은 중(中)이다. 이 단계에서는 인지 단계 하(下)와 중(中)에서 본 핵심 정보와 구성 같은 결과물을 생각할 수 있어야 한다. 또는 책에서 얻은 느낌과 생각에 자신의 경험과 지식을 더해서 자신만의 이야기를 풀어 낼 수 있어야 한다.

다음 페이지의 예문은 해리포터의 상황을 공감하고 자신의 이야기를 더한 것이다.

『해리포터』에서 해리가 어려움 때문에 짜증이 나 있을 때 친구들은 도와주려고 했다. 하지만 해리는 친구들의 도움을 받아들일 여력이 없었는지 친구들을 함부로 대함으로써 친구들은 해리를 멀리하게 된다. 결국 해리는 자신의 지혜롭지 못한 행동으로 더 큰 어려움을 겪게 된다.

　이런 경험은 누구에게나 있을 수 있다. 살아가면서 힘든 일을 겪을 때 주변을 둘러보면 분명 자신을 위로하고 격려해 주는 사람들이 있다. 그런데 우리는 불안한 자신의 감정 때문에 상대의 배려를 짜증과 난폭한 말과 행동으로 거부하는 경우가 있다. 결국 자신을 격려하고 위로하려는 이들에게 상처를 주면서 더 외로워지고 어려움을 더하는 경우가 발생하는 것이다. 해리는 사과를 하고 친구들과의 오해를 풀었지만 현실에서는 사과만으로는 미묘한 사람들 간의 오해를 풀기란 쉽지 않다. 따라서 자신의 감정이 격해져 있을 때일수록 말과 행동을 조심해야겠다.

　마지막으로 저자의 메시지를 추론하고 구체적인 실천 방법을 수립할 수 있다면 사고력은 상(上)이다. 저자의 메시지는 책 전체에 녹아 있기 때문에 찾기가 쉽지 않다. 그래서 우리는 추론이라는 사고 방법을 사용한다. 추론은 '미루어 생각하여 논함 또는 어떠한 판단을 근거로 삼아 다른 판단을 이끌어 넘'이라는 의미를 가지고 있다. 이런 추론의 판단 근거로 사용되는 것은 바로 책의 핵심 정보와 구성이라는 이야기의 흐름이다. 우리는 이 근거를 바탕으로 저자의 메시지를 다음과 같이 추론할 수 있다.

『논어』에서 공자의 메시지 : 인간의 본성인 인(仁)과 예(禮)를 배우면 사회적 문제를 해결하고 국가를 발전시킬 수 있다.

『자본론』에서 마르크스의 메시지 : 마르크스는 자본주의의 문제점을 인식한 노동자들이 단결해서 공산주의 사회를 만들어가길 바라고 있다.

『국부론』에서 애덤 스미스의 메시지 : 부의 성질과 원리를 바로 알고 경제정책을 수립하면 국가의 부를 늘릴 수 있다.

물론 이렇게 찾은 메시지의 진위(眞僞) 여부는 저자에게 확인해 보지 않는 이상 알 수 없다. 하지만 중요한 것은 메시지의 진위(眞僞)가 아니라 핵심 정보와 구성을 찾고 저자의 메시지를 추론하는 과정에서 얻을 수 있는 책의 이해와 사고의 유익함이다.

이 밖에도 책에서 얻은 정보를 바탕으로 구체적인 실천 방법을 수립할 수 있어야 한다. 대부분의 사람은 단순히 '저자를 본받겠다, 좋은 정보를 실천해 보겠다, 무엇에 대해서 생각해 보게 되었다'와 같이 막연한 이야길 하며 책을 마무리 한다. 이런 방식으로는 변화를 만들기 어렵다. 변화를 만들기 위해서는 책에서 얻은 아이디어나 좋은 정보를 자신의 상황을 고려해서 적용하려는 노력이 필요하다. 작게는 자신의 말이나 행동 그리고 레포트나 계획서 등에 자신이 알게 된 글과 정보를 적절히 인용하거나 다양한 정보들과 융합해서 또 다른 결과물을 생산할 수 있어야 한다. 그저 아침에 일찍 일어나면 건강과 시간 활용 측면에서 유익하다는 사실에 고개만 끄떡여서는 안 된다. 자신의 상황을 고려해서 실천할 수 있는 구체적인 방법을 고민해야 한다.

나는 아침에 일찍 일어나는 것이 좋다는 사실을 알지만 몸은 생각만큼 움직여 주지 않았다. 이때 '어렵거나 하기 싫은 일을 할 때 하지 않으면 안 되는 상황으로 자신을 몰아가라'는 글을 보고 아이들과 함께 새벽 수영 프로그램에 등록했다. 아침에 늦게 일어나 수영 수업에 빠지면 돈도 아깝겠지만 아이들에게 나약한 아빠의 모습을 보여 줄 것 같아서 힘들어도 열심히 다녔다. 이처럼 구체적인 실천 계획을 수립하는 것은 책의 유익함을 우리의 삶 속으로 녹이는 중요한 활동이다.

4단계. 인지하고 사고한 정보를 구체화하는 표현 단계

표현은 머릿속에 두리뭉실하게 존재하는 정보를 구체적으로 보여준다.

수업을 진행할 때 빠지지 않고 하는 실습이 말하기와 글쓰기다. 하지만 독서 기술을 배우러 온 이들에게 이런 실습은 달갑지 않다. 표현이 어려워서가 아니라 익숙하지 않기 때문이다. 우리는 살아가면서 수많은 표현을 하기에 표현이 낯설고 익숙하지 않다는 이야기가 이해되지 않을 수도 있다. 표현이란 '생각이나 느낌을 언어나 몸짓과 같은 형태로 나타내는 것'을 말한다. 우리는 영화나 책을 읽고 자신의 생각과 느낌을 '재미있었다, 즐거웠다, 좋았다' 등과 같이 단순한 표현은 쉽게 구사한다. 하지만 구체적이고 체계적으로 표현하는 것은 낯설고 익숙하지 않다. 이는 유교 문화의 영향으로 겸손과 절제라는 미명 아래 표현의 제한과 이에 대한 체계적인 교육의 부재로 표현의 방법과 기회가 부족했기 때문이다.

이런 이유로 표현을 제대로 활용하지 못하고 있지만 표현이 가진 가치는 우리 생활에서 쉽게 접할 수 있다. 영화를 보거나 책을 읽은 다음 그 내용을 다른 사람들과 신나게 떠들어 보거나 영화 관람 후기나 서평을 작성한 경험이 누구나 한 번쯤은 있다. 이렇게 표현을 했을 때와 하지 않았을 때 어떤 차이가 있을까? 가장 대표적인 차이는 내용을 명확히 알 수 있고 오랫동안 기억할 수 있다는 점이다. 이를 표현의 '정보와 사고의 구체화' 기능이라고 한다.

표현은 '자기표현'과 '정보와 사고의 구체화'라는 개인적 기능과 '의사소통'과 '지식의 가치화'라는 사회적 기능을 가지고 있다.

표현의 개인적 기능인 자기표현은 우리를 가치 있게 만든다. 사람들은 상대를 평가할 때 상대가 표현하는 말, 글, 행동, 모습 등을 자료로 판단한다. 따라서 상대로부터 제대로 된 평가를 받기 위해서는 이제까지 배우고 익힌 것을 모두 사용해서 자신을 표현할 수 있어야 한다. 하지만 우리는 이런 자기표현에 집중하기보다는 자신의 진면목을 몰라준다고 투덜대거나 자신을 알릴 기회가 없었다는 푸념을 늘어놓는 경우가 많다. 기회가 늘 오지는 않지만 분명 기회는 온다. 하지만 기회는 준비된 자의 것이다. 따라서 늘 자기표현에 관심을 가지고 꾸준한 훈련을 해야 한다. 그렇지 않으면 간만에 맞이한 기회를 놓치고 또 다시 오랜 시간을 기다려야 할지도 모른다.

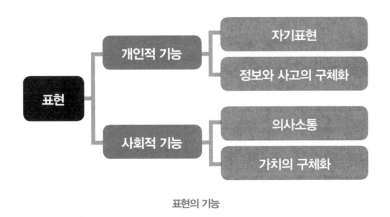

표현의 기능

정보와 사고의 구체화는 앞에서 언급했듯이 우리가 알게 된 정보와 사고의 결과를 구체적으로 나타내는 것을 말한다. 이렇게 만들어진 구체적인 지식은 새로운 가치 생산에 필요한 중요한 재료가 된다. 물론 학습을 할 때도 많이 활용된다.

의사소통은 자기표현을 바탕으로 다른 사람들과 조화(調和)를 이루는 것이다. 만약 이런 조화를 무시하고 자기표현만 강요하면 충돌이 일어난다. 반대로 자기표현이 약하면 다른 사람들에게 끌려 갈 수밖에 없다. 따라서 효과적인 의사소통을 위해서는 자신의 생각이 담긴 자기표현과 더불어 상황이나 대상을 고려할 수 있는 능력이 필요하다.

가치의 구체화는 어떤 주제에 따라 만들어진 추상적인 사고의 결과물을 구체화하는 것이다. 즉 머릿속에만 있던 재미난 이야기, 설계도, 아이디어, 보고서, 과제, 발명품들을 표현이라는 과정을 통해서 구체적인 결과물로 만드는 것을 말한다. 우리는 독서 후 표현을 통해서 개인적 기능인 '자기표현'과 '정보와 사고의 구체화' 기능을 숙달함으로써 사회적 기능인 '의사소통'과 '가치의 구체화' 기능까지 강화할 수 있다.

독서 후 베껴 쓰기, 요약, 서평, 독서록, 메모, 토론 등과 같은 표현은 내용을 오랫동안 기억하도록 해줄 뿐만 아니라 책에서 시작된 수많은 상상력을 구체적인 결과로 만들어 준다. 표현의 이런 가치에 대해서 많은 사람이 알고 있지만 실제로는 귀찮고 어렵고 방법을 잘 모른다는 이유로 대수롭지 않게 여겼다. 그래서 표현은 오랜 시간 동안 독서의 유익함을 더하고 탁월한 인재를 키운 방법이었음에도 불구하고 소수의 전유물로 전락하고 말았다.

물론 도서관·학교·공공 기관·기업마다 독서 토론 모임을 운영하고 인터넷에서는 서평 카페의 활성화와 학생들이 작성하는 독서록의 양을 보면 그럴듯하게 보인다. 처음에는 책을 좋아하는 사람들이 모여서 이런저런 모임을 구성하지만 시간이 지나면서 책의 가치를 나누기보다는 형식적인 모임 또는 친목형 모임으로 전락하는 경우가 많다. 또한 학교에서 독서가 강조되면서 독서록 작성이 활성화되고는 있지만 긍정적 영향 못지않게 독서를 부담스러운 일로 느끼는 학생이 늘어나고 있다. 이를 극복하기 위해서는 독서록 작성에 대한 단계적 접근과 결과보다는 글쓰기 과정에서 배우고 익히고 생각하는 과정을 중시하는 시스템의 구축이 요구된다. 우리 사회의 서평 문화가 잘 정착된 것은 그나마 다행이지만 그 규모면에서는 아쉬운 점이 많다.

그렇다면 우리 자신의 표현 수준은 어떨까? 기회가 있을 때마다 자신감 있는 목소리로 이야기를 하거나 글을 일정 분량만큼 쓸 수 있다면 표현력은 하(下)다.

> 나는 어제 『콩쥐와 팥쥐』를 읽었다. 콩쥐는 어려서 엄마가 돌아가셨다. 팥쥐와 새엄마가 들어와서는 매일 콩쥐를 괴롭혔다. 콩쥐는 아주 불쌍하고 팥쥐와 새엄마는 아주 나쁘다. 그래도 콩쥐는 착해서 누구도 미워하지 않는다. 나도 이런 점은 배워야겠다. 그래도 끝에는 콩쥐가 행복해진다. 나는 이렇게 행복하게 끝나는 이야기가 좋다.

예시의 표현은 사실적 내용도 부족하고 자신의 느낌이나 생각도 부족하다. 하지만 이 단계에서는 표현의 질보다는 자신이 알게 된 사실과 생각, 느낌을 가감 없이 담아내는 것이 중요하다. 쉬울 것 같지만 실제로 써 보면 마음같이 쉽지 않으며 다 쓴 글도 자신의 생각과는 다르게 표현된 경우가 많다. 하지만 걱정할 필요는 없다. 여기서는 형식보다는 자신감을 가지고 표현하는 것이 핵심이기 때문이다.

만약 표현에 정보적 가치까지 담을 수 있으면 표현력은 중(中)이다. 여기서 정보적 가치란 누구나 아는, 뻔한 내용이나 주제와 관련 없는 내용이 아니라 다른 사람이 들어서 유익하고 필요한 정보를 말한다. 『콩쥐와 팥쥐』에 대한 대부분의 독후감은 내용 요약으로 시작해서 자기반성과 권선징악(勸善懲惡)이라는 결론으로 끝난다. 이런 이야기는 누구나 할 수 있는 이야기로 글을 읽어 보지 않아도 그 내용을 쉽게 짐작할 수 있기 때문에 정보적 가치가 부족하다고 할 수 있다.

> 『콩쥐와 팥쥐』와 같은 고전을 보면 새엄마의 역할은 악역인 경우가 많다. 그래서인지 우리는 어릴 적부터 새엄마는 나쁜 사람 친엄마는 좋은 사람이라는 편견을 가지게 되었다. 하지만 현실을 보면 새엄마들 중에서도 좋은 사람이 있고 친엄마들 중에서도 나쁜 사람이 있다. 결국 좋은 엄마의 기준이 새엄마, 친엄마가 될 수 없다는 것이다. 그렇다면 어떤 기준으로 좋은 엄마와 나쁜 엄마를 구분할 수 있을까?(이하 생략)

예시는 『콩쥐와 팥쥐』를 읽고 좋은 엄마의 기준에 대한 질문을 던지며 그 기준을 대한 생각을 담은 글의 일부다. 이처럼 글에서 누구나 할 수 있는 이야기가 아니라 자신만의 생각과 느낌을 담을 수 있다면 여러분의 표현력은 중(中)이다.

정보적 가치를 가진 표현이 가독성(可讀性)까지 갖추게 되면 표현력은 상(上)이다. 가독성(可讀性)이란 인쇄물의 활자체, 간격, 행간, 띄어쓰기에 따라 쉽게 읽을 수 있는 정도를 말하지만 여기서 이야기하는 가독성(可讀性)이란 표현을 듣거나 읽는 사람이 잘 이해할 수 있도록 한 것을 말한다. 이런 가독성에 영향을 미치는 요소는 많지만 가장 중요한 요소로 구성을 꼽을 수 있다.

사람들이 표현하는 모습을 살펴보면 이런 내용은 이래서 좋았고 저런 내용은 저래서 좋았다며 그때그때 생각나는 이야기와 느낌들을 늘어놓는 경우가 많다. 이렇게 표현해서는 듣거나 읽는 사람이 표현의 핵심을 파악하기 어렵다. 하지만 표현에 구성을 갖추면 어떨까? 대표적인 구성인 '서론 – 본론 – 결론' 순으로 글을 쓰거나 말을 하면 순서 없이 표현하는 것보다 전달성이 커진다. 나는 수업에서 '서론 – 본론 – 결론'이라는 구성보다는 '주제 – 인지 – 사고 – 결론'이라는 구조를 주로 사용하고 있다.

이렇게 구성을 갖춰서 글을 쓰게 되면 읽는 사람이 글쓴이의 사고 흐름을 명확하게 구분할 수 있기 때문에 핵심을 쉽게 찾을 수 있다.

표현 능력을 향상시키기 위한 가장 좋은 방법은 모두가 알고 있듯이 지속적인 표현 훈련이다. 그렇다고 무조건 토론과 글쓰기만해야 하는 것은 아

『콩쥐와 팥쥐』를 읽고

주제 : 권선징악(勸善懲惡)의 기준

인지 : 콩쥐 엄마가 병으로 죽자 아버지가 재혼을 하여 새엄마와 팥쥐가 들어온다. 새엄마는 팥쥐만 예뻐하고 콩쥐를 괴롭히지만 콩쥐는 착한 성품을 지키며 꿋꿋하게 생활하면서 결국 복을 받는다는 이야기다.

사고 : 많은 고전 문학 작품이 권선징악을 주제로 다루고 있다. 그런데 정말 선을 실천하면 복을 받고 악을 실천하면 벌을 받을까? 대표적으로 친일파의 후손과 독립운동가의 후손들의 현실을 보면 권선징악이라는 말에 의구심을 가질 수밖에 없다. 물론 교화(教化)적 측면에서 보면 권선징악은 중요한 가치지만 우리 사회가 이를 수용하고 실천할 의지가 없다면 권선징악은 동화 속 이야기일 뿐이다.

결론 : 내 힘은 미약하다. 그래서 직접 권선징악이 실천되는 사회를 만들기는 어렵다. 그렇다고 포기하지는 않는다. 투표를 열심히 하고 잘못된 것을 시정하도록 요구하고 잘하는 것에 대해서는 열심히 박수를 치며 나의 작은 힘이라도 보태겠다. 나는 이런 작은 힘이 모여서 세상을 바꿀 수 있다고 믿기 때문이다.

니다. 토론과 글쓰기를 추천하는 것은 시간적 · 경제적 측면에서 제한이 적고 활용성이 뛰어나기 때문이다. 가장 좋은 것은 그림, 노래, 춤, 공작, 마인드맵 등 수많은 표현 중에서 자신에게 맞는 방법을 선택해서 꾸준히 실천하는 것이다.

5단계. 새로운 가치를 생산하는 창조 단계

창조의 시작은 독서이며 독서의 끝은 창조다

독서를 단순히 유희의 수단으로 여긴다면 이 단계까지 고생하며 올 필요는 없다. 하지만 독서를 통해서 내 삶을 성장시키고 정신적으로 또는 물질적으로 윤택해지길 원한다면 이 단계는 아주 중요한 역할을 한다.

사람들은 창조를 어렵게 여기며 신의 영역 또는 아주 특별한 사람들의 능력이라고 생각한다. 이는 동화나 고전에서 신들이 보여준 창조의 모습 때문에 생긴 고정관념일 수도 있지만 대부분 창조에 대한 의미와 방법에 대한 이해의 부족 때문이다.

현대의 창조는 신의 창조물뿐만 아니라 인간이 만들어내는 수많은 결과물도 창조물로 인정하고 있다. 물론 신의 창조가 무(無)에서 유(有)를 만드는 반면 인간은 유(有)에서 유(有)를 만들기 때문에 이 둘은 근본적으로 다르다.

하지만 인간은 기존의 것을 재해석하고 재구성하고 가감해서 전에 없던 것들을 창조하고 있다. 그리고 이렇게 창조된 결과물들은 인류 역사의 혁신과 성장을 이끌었다. 에디슨은 디트로이트 도서관에서 읽은 정보와 다빈치의 아이디어를 조합해서 수많은 발명품을 만들었고 스티브잡스는 핸드폰과 인터넷 단말기 그리고 MP3를 결합해서 아이폰을 만들었다. 이런 사례를 살펴보면 인간의 창조를 더욱 쉽게 이해할 수 있다.

이제 창조는 우리 주변에서 쉽게 접할 수 있는 단어가 되었다. 창의적 인재, 창의적 교육, 창조경영, 창조경제 등 어느 순간부터 주위를 둘러보면 창조라는 단어가 늘어나고 있음을 알 수 있다. 창조가 이렇게 다양한 분야에서 부각되는 것은 기존의 방법으로는 우리가 가진 문제를 해결할 수 없기 때문이다. 그래서 새로운 해결책, 즉 창의적 결과물들을 요구하고 있는 것이다.

실제로 과거 우리나라는 선진국들이 만들어 놓은 모범 답안을 모방하면서 성장했다. 여기에 일부 창조 능력이 더해지면서 어느 나라와도 비교할 수 없을 정도로 급속하게 성장했다. 하지만 모방 중심의 성장은 국가의 기틀을 만들 때는 유용했지만 선진국이 갖춰야 하는 사회적·경제적 수준을 만드는 데에 분명 한계가 있다. 따라서 창의적 방법으로 우리가 직면하고 있는 정치, 복지, 지역 갈등, 빈부 격차 등과 같은 사회적 문제와 초일류 기업 간의 경쟁 속에서 생존과 수익 창출이라는 경제적 문제를 해결해야 한다. 즉 선진국들의 모범 답안에 우리의 특성과 상황이 적절히 반영된 창조적 결과물이 절실히 필요하게 된 것이다.

이런 창조의 핵심은 인재다. 국가는 창의적 인재를 양성하기 위해 2009 교육개정을 시작으로 시스템을 구축하고 입학사정관제도를 통해서 창의적 인재를 선발하고자 노력하고 있다. 이 두 가지 시스템을 잘 살펴보면 공통적으로 강조하는 것이 바로 독서다. 독서가 창의적 인재를 양성하는 데 아주 훌륭한 도구이기 때문이다.

요즘 학교와 회사를 보면 창의적 인재를 양성하기 위해서 독서를 강조하며 관련 프로그램을 활발히 진행하고 있다. 그런데 아쉬운 점은 독서가 창의적 인재를 키우기 위한 도구라는 사실을 잊고 책 자체에 집착하는 경우가 많다는 것이다. 도구는 목적을 달성하기 위한 수단이자 방법일 뿐이다.

석상을 다듬을 때 주로 정과 망치를 사용한다. 그런데 정과 망치로 무조건 돌을 두드린다고 좋은 작품이 나올 수 있을까? 독서가 창의력을 계발하는 가장 좋은 도구임에는 틀림없지만 무조건 독서를 한다고 해서 창의적 인재가 되는 것은 아니다. 훌륭한 석상을 만들기 위해서는 좋은 돌, 석공의 기술, 좋은 도구와 같은 구성 요소가 있듯이 창의력에도 지식과 지능이라는 구성 요소가 필요하다. 창의력의 구성 요소를 공장의 제품 생산과 비교해서 설명하면 다음과 같다.

공장의 상품을 창의적 결과물로 봤을 때 창의력의 재료는 지식이 되고 공장의 공정과정(프로세스)은 지능이 된다. 지능은 '문제 해결 및 인지적 반응을 나타내는 개체의 총체적 능력'이라고 하는데 쉽게 설명하면 지식을 다루는 기술로서 사고력을 바탕으로 한다. 따라서 창의적인 인재가 되기 위해서는

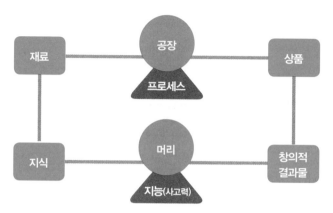

창의력의 구성 요소 : 지식과 지능

독서를 통해서 창의력의 구성 요소인 지식과 지능을 계발해야 한다.

우리는 인지 단계, 사고 단계, 표현 단계를 거치면서 창조에 필요한 재료인 지식을 습득하고 지식을 다룰 수 있는 지능을 훈련했다. 이제 창조 단계에서는 갖춰진 지식과 지능을 활용해서 새로운 것 또는 전에 없던 것을 만드는 훈련을 해야 한다. 너무 거창하게 들릴 수도 있겠지만 정보를 가감하고 재해석하고 재구성하는 창조의 방법만 알면 그렇게 어렵지 않다.

그럼 창조 수준을 통해서 창조의 모습을 살펴보자.

자신의 표현에 새로 얻은 지식을 가감할 수 있다면 창조력은 하(下)다. 사람들은 창조를 무언가 대단한 물건을 만들어야만 한다고 생각하지만 창조의 시작은 작은 것에서 시작된다. 바로 자신의 말, 글, 행동에 자신이 배우고 익힌 지식을 더하고 잘못된 지식은 덜어내는 일이다. 이를 창조의 과정이라고 하면 선뜻 이해되지 않을 수도 있다. 창조는 '전에 없던 것을 처음으로 만듦'이라는 의미에서 알 수 있듯이 이전과는 다른 것을 만들어 내는 것이다.

그렇다면 우리가 창조한 대표적인 결과물은 어떤 것이 있을까? 바로 우리 자신이다. 우리는 태어나면서부터 같은 이름으로 불리고 있지만 초등학교 – 중학교 – 고등학교 – 대학교 – 성인으로 성장하면서 늘 같은 존재였다고 말하기는 어렵다. 이름은 같았지만 성장하는 모습, 지식 수준, 말과 행동 그리고 사회적 지위에 따라 우리는 다양한 모습으로 재창조되어왔다. 철없던 길동이가 나이가 들어 말과 행동이 어른스러워졌다면 이는 철없던 길동이가 철든 길동이로 재창조되었다고 할 수 있다. 왜냐하면 철든 길동이는 전에 없던 존재로 세상에서 유일하기 때문이다. 이렇듯 창조는 우리 자신을 창조적인 존재로 바꿔 나가는 것에서부터 시작된다.

여러분이 정보를 재해석할 수 있다면 창조력은 중(中)이다. 정보를 재해석한다는 것은 단순히 정보를 이해하는 수준이 아니라 정보를 다양한 각도에서 볼 수 있는 능력을 말한다. 예를 들어 마키아벨리는 도덕적인 군주보다는 혼돈의 이탈리아를 구할 수 있는 강한 군주를 『군주론』에서 이야기했다. 마르크스는 모든 사람이 자본주의의 환상에 젖어 있을 때 『자본론』을 통해서 자본주의를 부정적으로 재해석했다. 또한 루소는 왕권신수설(王權神授說)이 보편화되었던 시기에 왕과의 관계를 『사회계약론』을 통해서 재해석했다. 뿐만 아니라 3M에서 강력한 접착제를 만들려다 실패한 제품이 포스트잇이라는 히트 상품으로 재해석되었다. 또한 질긴 천막이 광부들의 바지로 패션의 아이콘(청바지)으로 재해석되었다. 이런 재해석을 통한 창조의 결과물을 살펴보면 어렵지 않아 보인다. 하지만 고정관념에 사로잡혀 살아가는 사람들에게는 쉽지 않은 일이다.

마지막으로 정보를 재구성할 수 있다면 창조력은 상(上)이다. 재구성은 창조하면 가장 먼저 떠오르는 단어인 융합과 그 의미를 같이 한다. 자신의 책을 "새로운 것을 적은 것이 아니라 옛 것을 정리한 것이다"라고 말한 공자처럼 비슷한 정보를 재구성기도 하지만 주로 성격이 다른, 즉 이종(異種) 간의 정보를 재구성함으로써 독보적인 결과물을 창조하기도 한다. 스티브 잡스의 아이폰은 핸드폰을 바탕으로 MP3·디스플레이·인터넷·기타 어플 지원 기술들을 재구성함으로서 전 세계 스마트폰 시장의 성장을 촉발시켰다. 그리고 원유 시추선인 드릴십은 조선 기술, 드릴 기술, GPS 기술, 자세 제어 기술을 재구성함으로써 고부가가치 선박을 탄생시켰다. 이런 재구성 능력을 갖추기 위해서는 사고력과 더불어 해당 분야에 대한 통찰력 있는 지식이 필요하다.

창조와 창의력을 계발할 수 있는 프로그램은 많지만 전문가들은 공통적으로 가장 보편적이고 효과적인 방법으로 독서를 추천한다. 이는 독서가 창의력의 구성 요소인 지식을 쌓을 수 있는 기회와 사고(사색)의 기회를 함께 제공하기 때문이다. 물론 어떤 프로그램보다도 비용·시간·장소 측면에서 제약이 적은 것이 독서의 장점이다. 이런 여러 가지 이유로 많은 기업과 개인이 책을 읽지만 우리는 독서하는 사람들이 모두 창의적이지 않다는 사실을 명심해야 한다.

창의력은 책이나 독서가 만들어 주는 것이 아니다. 책은 단지 재료를 줄 뿐 지식을 쌓고 사고력을 향상시켜 창의적인 결과물을 만드는 것은 우리의 몫이라는 사실을 꼭 기억해야 한다.

구분	단계	수준
1단계	친밀성 단계	상 : 매일 시간과 분량에 관계 없이 책을 읽는다 중 : 책을 늘 휴대하거나 늘 곁에 책이 있다 하 : 독서보다는 책 자체를 좋아한다
2단계	인지 단계	상 : 저자의 메시지 파악 중 : 책의 구성 파악 하 : 각 장마다의 핵심 정보 파악
3단계	사고 단계	상 : 저자의 메시지 추론, 실천 계획 중 : 책의 핵심 정보와 구성 파악 　　구체적인 생각과 감정 표현 하 : 단순한 생각과 감정 위주로 소감 표현
4단계	표현 단계	상 : 가독성 (이해 : 내용 구성 및 문장 기술) 중 : 정보성 (need 충족) 하 : 표현의 자신감 (목소리, 글씨체)
5단계	창조 단계	상 : 정보의 재구성 중 : 정보의 재해석 하 : 정보의 가감

2. 독서가 변화를 만드는 과정
: 독서시스템

    사람들에게 독서하는 이유를 물어보면 '지식을 얻기 위해서, 여가 선용을 위해서, 재미를 위해서, 지혜로워지기 위해서'라는 다양한 답변을 한다. 이런 저마다의 이유를 한 단어로 요약하면 무엇일까? 바로 변화다. 우리는 재미, 감동, 카타르시스와 같은 감정적 변화, 지식을 얻거나 자기계발과 같은 개인적 변화, 아이폰이나 페이스북과 같은 좋은 아이디어와 독창적인 상품으로 만드는 사회적 변화들 중 하나 이상을 꿈꾸며 책을 읽는다. 이런 변화의 결과는 위인과 성공한 사람들의 책을 보면 쉽게 만날 수 있다. 정약용은 이익의 『성호사설』을 통해서 실학에 눈을 떴고, 『사회계약론』의 저자 루소는 볼테르의 저서를 통해 삶의 목적을 발견했다. 링컨은 성경을 읽으며 위로와 기초 학습 능력을 키웠고 오프라 윈프리는 책에서 사람을 이해하는 방법을 배웠다. 또한 토마스 에디슨은 책에서 수많은 발명 아이디어와 재료를 얻을 수 있었다. 우리는 그들의 책을 읽으며 책에서 시작된 그들의 변화가 우리에게도 이어지길 기대한다.

독서로 성공했다는 수많은 사람의 이야기를 읽어 보면 독서의 힘을 새삼 깨닫게 되고 나도 할 수 있다는 자신감도 얻을 수 있다. 하지만 그것도 잠시, 주위를 돌아보면 난무하는 독서 방법과 넘쳐나는 책 속에서 방황하는 자신을 쉽게 발견할 수 있다. 그리고 독서하는 사람들 중에서 성공한 사람보다 그렇지 못한 이들이 더 많다는 사실을 알게 되면 독서에 대한 회의까지 생긴다. 결국 우리는 책을 통해서 변화를 만드는 것이 생각만큼 쉽지 않다는 사실을 깨닫게 된다.

나 역시도 책으로 변화를 추구하는 한 사람으로서 정말 고민스러운 부분이었다. 막연한 자신감과 기대감으로 가족을 부양해야 하는 현실적인 문제를 뒤로하고 오랫동안 책에만 몰입할 수는 없었다. 그래서 독서로 원하는 변화를 만드는 사람과 만들지 못하는 사람의 차이를 연구하게 된 것이다. 탁월한 독서가들의 이야기를 살펴보면 처음에는 책의 질과 양이 독서의 답처럼 보인다. 하지만 그들의 삶을 함께 살펴보면 공통적인 부분을 찾을 수 있다. 바로 사색(사고), 표현(글쓰기와 토론) 그리고 지행합일(知行合一)이라는 실천적 요소다. 이 요소들을 독서와 변화 사이에 넣고 이해하기 쉽도록 정리한 결과가 바로 '독서시스템'이다.

독서시스템은 책에서 정보를 파악하고 그 정보를 자신의 지식으로 바꾸고 수용과 모방 그리고 창조라는 실천을 통해서 자신이 원하는 변화를 만들어가는 일련의 과정이다. 이 시스템이 보기에는 단순하지만 그 속에는 인간 변화의 원리까지 담겨져 있다.

인간은 더 나아지려는 본능 때문에 의식적으로든 무의식적으로든 끝없는 변화를 추구한다. 하지만 변화가 저절로 일어나지는 않는다. 변화를 만들어가기 위해서는 변화의 주체인 인간이 어떤 형태로든 움직여야 한다. 그리고 행동에 대한 구체적 계획과 그 행동으로 얻을 수 있는 긍정적 유익에 대한 정보가 있어야 한다. 그래야만 행동의 지속성을 유지할 수 있다.

마지막으로 변화의 대상과 방법에 대한 정보를 얻을 수 있어야 한다. 다시 말해서 우리 인간은 어떤 자극에 대한 정보를 접하면 그 정보들 중에서 필요한 것을 추출해서 자신의 지식으로 전환하고 실천함으로써 자신이 추구하는 유익, 즉 변화를 만들어 가는 것이다. 18세기의 시민혁명이 일어나기 전에는 가난한 농민과 착취당하는 노동자들이 자신의 처지를 비관하거나 불평만 늘어놓을 뿐이었다. 하지만 루소의 『사회계약론』과 같은 사회 계몽적인 책들이 널리 읽히면서 사람들은 구체적인 변화의 대상과 방법에 대해서 눈뜨게 되었다. 결국 그들은 변화의 대상인 자유를 갈망하게 되었고 혁명이라는 행동으로 사회적 변화를 실현할 수 있었다.

수많은 이가 책을 읽지만 자신이 원하는 변화를 만들어가는 사람은 소수에 불과하다. 대부분의 사람은 자신의 머리 또는 의지를 탓하며 독서를 포기하거나 책을 취미 또는 단순한 정보 획득 수단으로 여기게 된다. 독서시스템은 이런 이들에게 독서가 변화를 만들어가는 원리를 보여줌으로써 자신의 문제를 스스로 파악하고 해결할 수 있는 방법을 제시하고 있다. 이는 유명한 사람들이 자신의 성과를 내세우면서 자신만의 독서법을 소개하며 도전해 보라는 식의 경험적 지식이 아니라 독서가 변화를 만들어가는 과정을 보여주는 절차식 지식이기 때문에 가능하다. 독서라는 배를 타고 변화라는 섬을 향해 떠났지만 길을 잃어버렸거나 어디쯤 가고 있는지 궁금한 이들에게 독서시스템은 나침반이 되어 줄 것이다.

변화에 필요한 재료 찾기 : 내용 파악

"선생님 저는 책을 많이 읽는데도 변화를 경험하지 못하고 있습니다."
"무슨 책을 주로 읽고 계신가요?"
"인문 고전을 읽습니다."
"읽은 책들 중 기억에 남는 책이나 좋은 내용의 책이 있나요?"

"네, 루소의 『사회계약론』과 베르그송의 『창조적 진화』가 좋았습니다."

"저도 좋아하는 책인데 어떤 내용이었죠?"

"그게~~ 기억이 잘 안 나네요."

"그럼 왜 기억에 남거나 좋은 내용이라고 생각했나요?"

"책을 읽을 때 시대를 앞서가는 저자의 생각에 매료되었던 것 같습니다. 그 이외에는 생각이 잘 안 납니다."

책 내용을 길게는 일주일 정도 기억하기도 하지만 짧게는 뒤쪽을 읽으면서 앞쪽 내용을 잊어버리는 경우도 있다. 개인마다 조금씩 차이는 있지만 대부분 일정 시간이 지나면 자연스럽게 책 내용을 잊어버린다. 에빙하우스의 말처럼 기억력은 아주 짧은 시간 동안 유지되기 때문에 반복하지 않으면 기억을 유지하기 어렵다. 그런데 책을 읽은 직후에도 책에 대한 내용을 잘 모르는 경우가 많다. 읽자마자 책의 내용을 잊어버린 것일까? 책이 전하는 정보를 찾은 후 잊은 사람들도 있지만 처음부터 책이 전하는 정보를 찾지 못한 사람들이 더 많다. 결국 처음부터 잊을 만한 정보조차 파악하지 못한 것이다.

책에서 정보를 찾는 것은 시장에서 요리를 위해 원재료를 사는 것과 같다. 정보가 바로 변화라는 요리에 필요한 원재료이기 때문이다. 재료를 사기 위해 시장 이곳저곳을 다니며 원재료의 맛과 신선함에 순간순간 감동할 수도 있지만 그것만으로 제대로 된 요리의 감동을 느낄 수는 없다. 시장을 다니며 어느 가게에 무슨 물건이 있는지 신선도는 어떤지에 대한 정보를 정확하게 파악해야만 필요한 재료를 구할 수 있다. 독서 중에 느끼는 순간적인 재미와 감동 그리고 부분적인 정보들은 책의 일부일 뿐이다. 저자는 자신의 주장이나 나누고자 하는 정보들을 다양한 이야기에 담아 200쪽 이상의 책 여기저기에 흩어놓았다. 우리는 그 흩어진 조각들을 찾아서 퍼즐을 맞춰 전체적인 그림을 볼 수 있을 때 저자가 전달하고자 했던 요리를 제대로 맛볼 수 있다.

그럼 책 내용을 효과적으로 파악하기 위해서는 어떻게 해야 할까? 팁이 있다면 글의 처음과 마지막 부분을 관심 있게 읽어 보면 된다. 보편적으로 글을 쓸 때 서론 부분에서 글을 쓰는 이유나 목적 또는 쓸 내용을 언급하고 결론 부분에서 전체적인 내용을 정리하며 마무리하는 경우가 많기 때문이다. 이렇게도 찾기 어렵다면 글에서 자주 나오거나 중요하게 거론되는 핵심 단어들을 추출해서 그 단어들 간의 관계를 유추해 보면 글의 내용을 짐작할 수 있다. 나는 이렇게 알게 된 주요 내용을 목차의 해당 항목 밑에 한두 문장으로 기록한다. 책을 다 읽고 목차에 적어놓은 것을 읽어 보면 전체적인 내용을 파악하는 데 도움이 된다.

"책을 편하게 읽으면 되지, 어렵고 귀찮게 꼭 정보를 찾아야 할까요?"

자기계발서를 주로 읽는 분들은 책에서 정보를 찾아야 한다는 이야기에 쉽게 수긍하지만 소설이나 시를 주로 읽는 분들은 이런 반문을 하는 경우가 종종 있다. 답은 '독서 목적에 따라 다르다'는 것이다. 책을 통해서 구체적인 변화를 얻고자 한다면 분명 저자가 여기저기에 흩어놓은 정보가 어떤 내용인지를 파악해야 한다. 하지만 순간적 감성을 중요시하거나 휴식과 힐링이 목적이라면 편하게 읽으며 순간순간의 감정과 재미를 즐기면 된다. 다만 이런 독서로 너무 많은 것을 얻고자 하는 기대는 정신 건강에 좋지 않다.

책에서 얻은 재료 다듬기: 정보 → 지식

정보를 지식으로 바꾸는 것은 원재료를 요리에 쓸 수 있도록 다듬는 과정과 같다. 책에서 얻은 수많은 정보는 다듬지 않고 날것 상태로 두면 자연스럽게 잊히기 때문에 요리에 쓸 수 있도록 다듬어야 한다. 다듬는 방법은 대표적으로 세 가지가 있다.

첫째, 핵심 정보, 구성, 저자의 메시지 파악이다. 앞에서 파악된 수많은 정보 중에서 저자가 전하는 핵심 정보를 걸러내는 작업이다. 이는 양파나 옥수수를 요리하기 전에 껍데기를 벗기고 필요한 부분을 정리하는 작업과 같다. 이렇게 추출된 정보들은 그 관계성을 검토하며 구성을 파악한다. 그리고 그 구성을 통해서 저자가 전하는 메시지를 파악할 수 있다. 앞쪽 인지 단계에서 언급했듯이 저자는 자신의 메시지를 중심으로 구성을 잡고 핵심 정보를 배열한 후 기타 정보들로 살을 붙인다. 반면 독자들은 저자가 이야기하는 수많은 이야기 중 핵심 정보를 파악하고 저자가 만들어 놓은 구성을 통해서 저자의 메시지를 찾아야 한다. 이런 과정을 통해서 우리는 저자가 우리에게 주고자 하는 고급 재료들과 만날 수 있다.

둘째, 정보의 재구성이다. 우리는 책에서 찾은 중요한 정보들을 쉽게 이해하고 오래 기억할 수 있도록 정보들을 재구성해야 한다. 물론 기존의 구성인 서론 – 본론 – 결론 또는 발단 – 전개 – 위기 – 절정 – 결말 순으로 기억해도 된다. 하지만 EBS 다큐프라임〈공부의 왕도〉에서는 일반적인 암기보다는 자신이 만든 구조에 따라 기억하는 것이 더 효과적이라고 했다. 그래서인지 공신들은 참고서에 나오는 핵심 내용을 그대로 암기하기보다는 요약문, 마인드맵, 도표, 그림 등을 활용해 자신의 스타일로 정보를 재구성하며 공부하는 모습을 볼 수 있다. 독서도 이처럼 글 형태의 도서 요약이나 도형 형태의 한 페이지 요약을 활용함으로써 내용을 효과적으로 기억하고 나아가 사고력과 표현력까지 훈련할 수 있다.

셋째, 실천 항목을 선정한다. 첫 번째 단계에서 저자가 전하는 수많은 재료 중 중요한 재료를 찾아 정리했고, 두 번째 단계에서는 그 재료들을 쓸 수 있도록 다듬었다. 이제 세 번째 단계에서는 자신이 어떤 재료를 가지고 어떤 방식으로 요리할 것인지를 결정해야 한다. 다시 말해서 책에 있는 모든 내용을 실천하면 좋겠지만 우리 능력으로는 쉽지 않기 때문에 어떤 것을 수용하고 실천할 것인지를 판단하는 단계다.

진짜 요리는 주제에 따라 필요한 재료를 구하고 정해진 방법에 따라 조리를 한다. 독서도 처음부터 자신의 목적에 맞는 책을 선정해서 읽고 필요한 정보를 활용하는 경우도 있다. 하지만 대부분 책을 선정할 때 명확한 목적성의 부재와 독서 기술의 부족으로 책이 전하는 일부분의 정보만을 활용할 뿐이다. 그렇다고 실망할 필요는 없다. 솔직히 저자가 오랜 시간 동안 연구하고 준비한 정보를 짧은 시간에 모두 이해하고 소화하기는 쉽지 않기 때문이다. 그래서 나는 "강의든 책이든 그 속에서 여러분이 필요한 것을 한두 가지만이라도 찾아 활용해 보길 바랍니다"라는 이야기를 종종 한다. 한두 가지가 너무 적다는 생각이 들면 스스로에게 물어보자. 1년에 100권, 3년에 1,000권의 책을 읽으면서 자신에게 100가지 또는 1,000가지의 변화가 있었는가? 어떤 이는 독서를 통한 변화는 금방 눈에 보이는 것이 아니라 쌓이고 쌓여서 넘칠 때 비로소 변화를 경험할 수 있다고 한다. 물론 맞는 이야기이다. 그렇지만 구체적인 변화의 대상을 선정하지 않고 책을 쇼핑하듯 읽으면서 무언가가 쌓이길 바라는 것은 감나무 아래서 감이 떨어지길 바라는 것과 다를 바가 없다.

여기서 가장 중요한 것을 꼽으라면 세 번째 실천 항목의 선정이다. 핵심 정보, 구성, 메시지를 찾는 것은 책을 제대로 이해하기 위해서이고 정보를 재구성하는 것은 필요한 정보를 잘 이해하고 쉽게 기억하기 위해서다. 이런 과정을 통해서 우리는 한 권의 책에서 다양한 유익과 수많은 실천 요소를 얻을 수 있다. 자신의 수준이 이런 과정을 감당할 수 있다면 단계적으로 적용하는 것이 가장 좋다. 하지만 내공이나 시간이 부족하다면 한 권의 책에서 하나의 실천 요소라도 선정해 보자. 살아가면서 우리가 읽는 책의 권수만큼의 변화를 만들 수만 있다면 지금보다는 더 나은 존재로 성장할 수 있을 것이다.

책에서 얻은 재료를 요리하기 : 실천

이제까지 정보를 지식으로 만들었다면 실천은 머리 속에 있는 지식을 활용해서 구체적인 결과를 만드는 과정이다. 즉 엄선된 재료로 구체적인 요리를 만드는 것이다. 수용, 모방, 창조의 세 가지 방법을 상황이나 목적에 따라 융통성 있게 적용하면 된다.

수용

수용은 '어떠한 것을 받아들임'이라는 의미를 가지고 있으며 한 개인의 이성과 감성 변화에 영향을 미친다. 이성과 감성은 각 개인이 알고 있는 상식이나 경험의 범위 내에서 작용하기 때문에 어떤 정보를 접하는가에 따라 이성과 감성의 작용 범위가 달라진다. 사람들은 교육을 받고 여행을 하면 생각이 깊어지고 똑똑해진다고 말한다. 이는 교육과 여행을 통해서 얻어진 지식과 경험들이 이성의 작용 범위를 확장하기 때문이다. 하지만 이런 과정이 생각보다 쉽지는 않다.

기원전 4세기 아리스토텔레스가 별자리를 관찰하면서 언급한 천동설이 오랜 시간 동안 지구를 우주의 중심으로 인식시켰다. 16~17세기가 되어서야 코페르니쿠스와 갈릴레오에 의해서 지동설이 알려졌지만 사람들의 사고를 바꾼 것은 그들의 생명을 담보로 한 투쟁이었다. 우주의 진리 중 인간이 아는 지식은 아주 일부분이며 위대한 학자의 이야기도 진리에 가까운 이야기일 뿐 진리라고 단언하기는 어렵다. 만약 일부 탁월한 학자의 이야기를 맹신하게 되면 플라톤과 아리스토텔레스가 만들어 놓은 지식에 빠져 1,000년 이상을 암흑 속에서 허덕인 중세 유럽과 같은 상황을 되풀이하게 될 것이다.

정보를 받아들일 때는 무조건 수용하라. 자신의 기준에 따라 필요한 정보는 취하고 불필요한 것은 버리면 된다. 그런데 일부 사람들은 책을 읽으며 처음부터 자신이 보고 싶은 것만 체로 걸러서 받아들인다. 저자가 무슨 이야기를 하는지 들어보려 하기보다는 자신에게 필요한 정보만을 취하는 것이다. 특히 책을 많이 읽었거나 자신의 지식체계가 견고한 사람일수록 자신만의 지식체계를 강화할 수 있는 사례, 명언, 설문 등과 같은 정보만을 받아들이는 경우가 많다. 지식은 다양한 정보의 교류와 융합을 통해서 발전한다. 따라서 우리는 지식에 대해 항상 겸손한 자세로 대하고 적극적으로 수용하고자 노력할 때 변화를 만들어 갈 수 있다.

물론 감정도 적극적인 수용이 필요하다. 좋은 책이나 시는 우리에게 기쁨, 슬픔, 감동, 카타르시스 등과 같은 수많은 감정을 불러일으킨다. 그런데 이런 경험을 모든 사람이 똑같이 겪지는 않는다. 같은 영화를 보면서도 누군가는 눈물을 흘리고 누군가는 덤덤하게 받아들이는 모습을 보면 분명 같은 정보라도 결과는 다르게 나타남을 알 수 있다. 인간은 누구나 감정을 가지고 있다. 하지만 감정을 느끼는 정도, 즉 감수성은 사람마다 다르다.

영화 〈광해〉를 보면 왕 노릇을 하던 하선이 어린 기미상궁이 궁에 들어오게 된 절절한 사연을 듣고는 부정한 관리를 벌하고 어미와 만나게 해 줄 것을 약속한다. 우리는 그의 말과 행동에서 관리에 대한 분노와 기미상궁에 대한 연민의 감정을 엿볼 수 있었다. 만약 진짜 광해군이 그 자리에 있었다면 하선과 같은 감정을 느낄 수 있었을까? 하선은 이야기꾼 광대로 다양한 이야기를 통해서 간접적이지만 감정적 경험이 풍부했다. 반면 광해군은 고귀한 신분으로 살아왔기에 다양한 감정을 느껴볼 수 있는 기회가 없었다.

『감정 수업』,『감정 코칭』,『감정 연습』,『감정 사용 설명서』,『감정 조절』이라는 책 제목에서 볼 수 있듯이 감정은 학습을 통해 성장한다. 즉 다양한 직·간접적 감정의 경험 속에서 감정이 성장하는 것이다.

모방

모방은 '다른 것을 본뜨거나 본받음'이라는 의미로 변화를 만드는 가장 빠른 방법이다. 앞에서 언급한 수용을 통한 감성적·이성적 변화를 느낄 수는 있지만 그 결과물들이 추상적이기 때문에 변화를 확인하기가 쉽지 않다. 반면 모방은 구체적인 결과나 변화 과정을 직접 확인할 수 있기 때문에 지속적인 실천을 할 수 있다.

그렇다면 저자가 전하는 수많은 이야기 중에서 어떤 것을 모방해야 할까? 누구나 자기계발서 또는 위인전을 읽어 보면 저자들이 만든 긍정적 결과들을 부러워하며 그들이 실천한 방법을 따라한 경험이 한 번쯤은 있을 것이다. 나도 나탈리 골드버그의『뼛속까지 내려가서 써라』를 읽고 거의 2년 동안 매일 한 장씩 글을 쓴 적이 있다. 이 방법은 글을 쓰고 생각을 깊게 하는 데 많은 도움을 주었다. 또한 오래 전에 읽은 『하루 10분의 기적』에서 108배가 짧은 시간에 몸과 마음을 다스리는 데 도움이 된다는 이야기를 본 적이 있었다. 바쁜 일상 속에서 어떤 운동을 할까 고민하다가 몇 달 전부터 108배를 실천하고 있는데 하체를 강화하고 마음을 진정시키는 데 효과를 얻고 있다. 이처럼 저자의 이야기를 읽다가 마음에 드는 방법이 있으면 실천 항목으로 정해서 실천하면 된다.

모방할 때도 기준은 있다. 자신의 목적에 맞고 실천 가능한 항목을 선정한 후 자신의 수준과 상황에 맞춰 변형해서 모방해야 한다. 저자에게 적합한 방법 그대로 모방하면 마치 남의 옷을 입은 것처럼 불편해서 꾸준하게 실천하기 어렵다. 즉 당신이 프랑스 시민 혁명의 이론적 배경이 된 루소의 『사회계약론』을 읽었다고 해서 당신도 혁명 이론을 정립할 필요는 없다는 것이다. 나는 루소가 불우한 어린 시절에 책을 가까이하고 스무 살에 자신의 삶을 돌아보며 책을 통해 삶의 방향을 찾고 자신의 지식체계를 만들어 가는 모습을 본받고 싶었다. 그래서 책을 읽으며 삶의 목적과 방향에 대해서 고민했고 나의 지식체계를 만들기 위해서 독서를 활용했다. 이처럼 책의 내용을 무조건 모방하기보다는 자신의 목적에 따라 실천 항목을 선정하고 자신에게 맞도록 변형해서 실천하면 된다.

그런데 책을 읽다 보면 내용이 이해되지 않거나 제목은 마음에 들지만 내용이 생각과는 다른 경우가 종종 있다. 이런 경우 괜히 시간을 낭비했다거나 책이 별로라며 투덜거린다. 이때 책 여기저기에 흩어져 있는 명언이나 사례와 같은 내용을 잘 살펴보면 모방할 만한 유용한 정보를 얻을 수 있다. 책의 핵심 내용이나 저자의 메시지를 벗어난 내용이라도 자신의 성장과 변화를 끌어 낼 수 있는 요소가 있다면 그 책은 충분히 가치가 있다고 할 수 있다. 앞에서 강조했듯이 독서에서 저자의 깊이 있는 이야기와 메시지를 아는 것도 중요하지만 더 중요한 것은 자신의 변화와 성장이라는 사실을 잊지 말자.

창조

창조는 재료가 되는 지식과 지식을 활용할 수 있는 지능 즉 사고 능력이 필요하다. 그러나 일반인들에게 지식과 지능이라는 것은 너무 추상적이다. 도대체 어떤 지식을 말하는 것이며 지식을 다루는 능력이라는 것이 무엇을 말하는 것일까?

여기서 사용되는 지식은 단순한 기억의 덩어리가 아니라 창조적 결과물을 만들고자 하는 분야의 네트워크화된 지식체계를 말한다. 일반적으로 사람들은 받아들인 정보를 독립적으로 기억하기 때문에 어떤 문제에 대해서 단편적인 답변만을 한다. 하지만 네트워크화된 지식체계를 갖추면 하나의 문제를 다양한 각도에서 분석하고 종합적인 답을 낼 수 있다. 어떤 문제에 대해서 일반인과 전문가의 답변을 비교해 보면 그 차이를 쉽게 알 수 있다.

쪽박가게의 사장은 가게의 문제를 음식이나 상권과 같이 보편적이고 단편적으로 보지만 전문가들은 상권, 음식, 서비스, 가격, 인테리어 등을 고려해서 종합적인 답을 끌어낼 수 있다. 이는 전문가들이 해당 분야의 정보를 단순하게 적용하는 것이 아니라 네트워크화된 지식체계를 바탕으로 일반인들이 보지 못하는 것까지 종합적으로 분석해서 결과를 내기 때문이다. 창조를 위해서는 이런 네트워크화된 지식체계가 필요하다.

지능은 '문제 해결 및 인지적 반응을 나타내는 개체의 총체적 능력'을 의미하는데 쉽게 '지식을 다루는 기술'이라고 설명한다. 지능은 사고를 바탕으로 작동하기 때문에 창조를 이야기할 때면 창조적 사고를 강조하고 있다. 그럼 창조적 사고는 무엇일까?

창조적 사고는 네트워크화된 지식을 바탕으로 새로운 결과물을 만들어내는 사고체계로서 독서 발달 단계 중 창조 단계에서 언급했듯이 정보를 가감하고 재해석하고 재구성하는 방식으로 작용한다. 이렇게 만들어진 창조의 결과물들은 대박집이나 대박 상품의 소개 내용, 달인이나 맛집이 나오는 TV 프로그램에서 쉽게 확인할 수 있다. 그들은 해당 분야의 정보를 공부하고 배우고 연구하며 자신만의 상품, 음식, 서비스, 이벤트 등을 차별화함으로써 대박 신화를 만들었다.

전문가들은 "창조는 쉽다. 자신이 좋아하는 것에 관심을 가지고 생각을 조금만 바꾸면 누구나 창의적 결과물을 만들 수 있다"고 말한다. 물론 맞는 말이다. 그렇지만 그렇게 해서 창의적 인재가 된 사람은 극소수일 뿐이다. 대부분의 사람은 자신도 기회가 되면 창조적인 결과물을 만들겠다는 막연한 생각만 할 뿐 기존에 하던 일과 생각에서 벗어나지 못하고 살아간다. 이런 현상은 다름을 인정하지 않는 사회 분위기와 개인적으로 새로운 것에 대한 두려움과 창조에 대한 이해 부족 때문에 나타난다.

우리는 살아오면서 기존 질서와 다른 생각이나 행동을 하면 "모난 돌이 정 맞는다"는 이야기를 하며 부정적으로 보았다. 이런 분위기에 익숙해지면 다름을 틀림으로 인식하게 된다. 그리고 자신의 독특한 생각이 기존 질서와 충돌하면서 겪어야 하는 여러 가지 어려움을 두려워하게 된다. 이런 환경과 더불어 창조에 대한 체계적인 교육 기회조차 없었다. 결국 창조는 극소수의 탁월한 사람이나 운 좋은 사람의 몫이었다. 하지만 이제 세상이 창조적인 인재를 원하고 있다. 아직 사회적 시스템이 창조적인 인재를 길러내기에는 미흡하지만 기업과 사회의 요구에 따라 교육 전반에 창의적인 인재의 양성과 선발을 목표로 조금씩 시스템을 갖춰가고 있다. 따라서 우리는 이런 사회 분위기에 자신감을 가지고 창조라는 실천 방법을 적극적으로 훈련해야 한다. 물론 한 번만에 창조적인 결과를 얻을 수는 없겠지만 이런 과정이 쌓이면 정보를 가감하고 재해석하고 재구성하는 창의적 사고력이 향상될 수 있다. 그리고 이런 경험이 결국 당신을 창의적인 인재로 거듭나게 할 것이다.

변화라는 요리 완성하기

변화를 유도하면 리더가 되고 변화를 받아들이면 생존자가 되지만, 변화를 거부하면 죽음을 맞게 된다. — 레이노

독서시스템의 구조는 간단하다. 책에서 정보를 취하고 그 정보를 지식화한 후 실천을 통해서 변화를 만들어가는 과정이다. 이런 독서시스템을 잘 활용하면 변화를 만들지 못하는 이유를 스스로 파악할 수 있고 나아가 해결 방법까지 찾을 수 있다.

그럼 독서시스템에 자신의 독서를 적용해 보자. 독서를 열심히 하는데도 변화가 없다면 먼저 자신이 읽은 책에 대해서 간단하게 이야기해 보자. 책의 핵심이나 인상 깊었던 내용을 조리 있게 이야기할 수 있다면 책 내용을 제대로 파악했다고 할 수 있다. 그런데 기억이 잘 나지 않거나 핵심을 비켜 간 이야기나 부분적인 내용만 늘어놓는다면 책의 내용을 제대로 파악하지 못한 경우다. 이런 경우에는 우선 책과 저자가 전하는 내용을 파악하려는 노력이 필요하다.

독서를 한 후 책 내용은 파악했지만 금방 잊어먹거나 남는 게 없는 경우가 있다. 이런 경우는 파악한 정보를 지식화하지 못했기 때문이다. 파악된 정보는 선별 작업을 통해서 버릴 것과 사용할 것을 구분하고 선별된 정보들을 자신의 기존 정보들과 융합하며 지식화하고 필요에 따라 실천 항목을 선정해야 한다.

책 내용도 파악하고 지식화과정과 실천 항목까지 선정했는데도 변화를 만들지 못한다면 그 이유는 무엇일까? 여기까지 왔다면 변화를 만들지 못하는 이유를 자신도 알 수 있을 것이다. 바로 실천의 문제다. 앞에서 정보를 취하고 지식화하는 과정을 통해서 우리는 문제를 인식하고 목표를 선정하고 방법을 결정했다. 이제는 방법에 따라 모방하고 수용하고 창조라는 실천을 통해서 변화의 대상을 바꾸면 된다.

하지만 실천이라는 것이 생각만큼 쉽지는 않다. 열심히 공부하면 좋은 성적을 받고 칭찬도 받고 좋은 상급 학교에 진학할 수 있다. 누구나 이런 사실을 알고 있지만 실제로 실천하는 이들은 얼마 되지 않는다. 공부로 얻을 수 있는 유익함은 너무 멀게만 느껴지는 반면 눈앞의 자극적인 재미는 쉽게 포기하기 어렵기 때문이다. 마치 마시멜로 이야기에서 어린 아이가 두 개의 마시멜로를 얻기 위해 눈앞에 있는 하나의 마시멜로를 먹지 않고 참아야 하는 것과 같다. 따라서 실천 요소를 뽑을 때 자신의 수준을 고려해서 선정하고 자신의 보폭을 고려해서 목표를 단계화하려는 노력이 필요하다. 즉 공부를 열심히 하면 좋은 대학에 갈 수 있다가 아니라 70점, 80점, 90점, 100점과 같이 목표를 단계화하는 것이다. 여기에 각각의 목표를 달성할 때마다 주어지는 혜택이 있다면 효과를 더욱 극대화할 수 있다.

다음은 상담 내용이다.

"저는 3년 동안 1,000권의 책을 읽으면 삶이 변한다는 이야기를 듣고 정말 열심히 책을 읽었습니다. 그리고 3년이 지나서 1,000권을 다 읽었지만 변한 것이 없습니다."
"어떤 책을 주로 읽으셨나요?"

"손에 잡히는대로 무조건 읽었습니다."

"독서 후에는 독서록, 요약, 서평, 토론과 같은 독후 활동을 하셨나요?"

"권수를 채우기 바쁘다 보니 특별한 독후 활동은 하지 못했습니다."

이 분의 문제점은 두 가지다. 첫째는 변화의 대상이 없었다. 누구나 변화의 중요성을 알기 때문에 나름의 노력을 하지만 구체적 대상이 없는 변화는 공허한 메아리일 뿐이다. 변화의 의미인 '사물의 성질 · 모양 · 상태 따위가 바뀌어 달라짐'에서 볼 수 있듯이 사물, 즉 변화의 대상이 바뀌고 달라졌을 때 우리는 변화를 보고 만지고 느낄 수 있다. 따라서 손에 잡히지도 않고 보이지도 않는 형이상학적인 변화를 쫓기보다는 구체적인 대상을 가진 형이하학적인 변화를 만들어 가야 한다.

1,000권 읽기를 주장하는 사람들은 수많은 책을 읽는 과정에서 자신의 문제를 발견하고 변화의 동기와 대상 그리고 방법을 찾을 수 있다고 말한다. 분명 일리 있는 이야기지만 사람들은 이런 핵심보다는 책의 권수가 줄 것 같은 막연한 변화를 기대하는 경우가 많다.

만약 구체적인 변화의 대상이 없다면 그것을 찾으며 책을 읽으면 된다. 토마스 모어가 전하는 유토피아나 마르크스가 주장하는 세상을 보면서 자신이 만들고 싶은 세상이나 환경을 변화의 대상으로 삼을 수 있다. 그리고 위인전과 성공한 사람들의 이야기를 읽으며 그들의 탁월한 능력과 명예 또는 경제적 결과물도 변화의 대상이 될 수도 있다. 변화의 대상을 찾았다면 이제는 변화의 목표를 선정하고 변화의 방법을 결정하면 된다.

예를 들어 정리에 관한 책을 읽고 정리가 변화의 대상이 되었다면 이제는 구체적인 목표를 선정해야 한다. 책에서 이야기하는 옷장, 책상, 방, 냉장고 등 모든 대상이 목표가 될 수도 있지만 우선 방과 책상 또는 옷장과 냉장고처럼 자신의 능력과 필요에 따라 구체적인 목표를 단계화하자. 그리고 마지막으로 자신이 실천할 수 있는 방법을 결정하면 변화를 위한 준비가 끝난다. 정리처럼 간단한 변화는 한 권의 책으로 문제를 인식하고 목표를 선정하고 방법을 결정할 수도 있지만 변화의 대상에 따라 여러 권의 책이 필요한 경우도 있다.

둘째는 책을 소화하는 과정이 없었다. 건강에 좋은 음식이라도 소화를 시키지 않으면 건강에 도움이 없듯이 책도 읽는 것만으로는 그 유익함을 얻을 수 없다. 음식을 꼭꼭 씹어 소화시키듯 책도 정보를 취하고 지식화하는 과정이 필요하다. 이런 과정은 추상적이기 때문에 서평, 독후감, 토론, 요약 같은 구체적인 독후 활동을 통해서 그 소화 정도를 가늠할 수 있다. 상담자는 책의 권수에 집착한 나머지 이런 독후 활동이 전혀 없었다. 상담자에게 필요한 한 것은 더 많은 책이 아니라 이제까지 본 책에 어떤 내용이 있었는지 파악하고 그 내용에서 자신이 필요한 내용을 지식화하는 것이다. 여기에 자신의 취향에 맞는 독후 활동을 병행한다면 책의 유익함을 가져가는 데 어려움이 없을 것이다.

책으로 변화하는 나와 사회

책을 통해 얻을 수 있는 변화는 수만 가지지만 크게 세 가지로 나눌 수 있다.

감정의 변화

먼저 가장 쉽게 만날 수 있는 감정의 변화다. 감정의 변화에서 변화의 대상은 마음이고 그 결과는 희로애락(喜怒愛樂)과 같은 감정들이다. 이런 감정의 변화는 누구나 마음을 열고 책을 읽으면 책에서 흘러 들어오는 다양한 감정을 경험할 수 있다. 여기에 역지사지(易地思之)하는 마음으로 몰입하면 책에서 얻을 수 있는 감정의 변화는 배가된다. 이런 간접적인 감정의 경험은 우리의 삶을 더욱 풍요롭게 하고 나아가 기술과 물질 때문에 황폐해지고 있는 인간성과 감성을 회복시킬 수 있다.

감정은 책을 통해서 가장 얻기 쉬운 변화지만 그 가치는 우리 사회의 근본적인 문제를 해결하는 중요한 열쇠이기도 하다. 우리 사회가 가진 대표적인 문제로 왕따, 갑질, 국민을 무시하는 일부 기업과 정치인 등이 있다. 이들은 상대의 이익이나 고통, 감정은 무시하고 오직 자신과 가족 그리고 자신이 속한 조직의 이익을 우선시하면서 여러 가지 사회적 문제를 낳고 있다.

만약 이들이 왕따 당하는 아이의 감정을 이해하고 갑질을 당하는 사람들의 억울함을 공감하고 무시당하는 국민의 마음을 안다면 이렇게 행동할 수 있을까? 피해자의 경험이 없다면 그런 마음을 이해하기 쉽지 않기 때문에 책을 통한 감정의 간접적 경험은 매우 중요하다. 우리는 책에서 왕따에 힘들어 자살한 아이의 형이나 부모가 되어 보고 갑질에 전 재산을 잃고 한강 다리로 가는 아버지의 마음을 느껴 보고 청년실업과 하우스푸어로 고민하는 이들의 감정을 경험할 수 있다. 이런 감정의 공감은 다른 사람을 이해하게 하고 자신만의 생각 울타리를 벗어나 우리라는 공동체적 사고를 가능하게 한다. 따라서 책을 통한 감정의 변화는 우리 사회가 가진 근본적인 문제를 해결할 수 있는 단초가 될 수 있다.

개인의 변화

다음은 개인의 역량을 강화하는 개인의 변화다. 우리는 개인적으로 어제보다 나은 자신을 위해서 자기계발을 하고 사회적으로 더욱 가치 있는 존재로 인정받기 위해 노력한다. 이런 노력은 국가와 사회 발전에도 큰 의미가 있다. 세상을 이끌어 가는 것은 탁월한 소수의 사람들이라고 한다. 그런데 탁월한 리더에게 미개한 국민이 있다면 그 국가는 어떨까? 민주 투사들이 몸을 사르며 민주주의를 외쳐도 그 국민들이 자유에 대한 열망이 없다면 어떨까? 스티브 잡스가 혁신적인 아이폰을 만들었지만 사람들이 모두 기계치라면 어떨까? 분명 탁월한 소수의 사람들이 제시한 방향으로 세상은 움직인다. 하지만 이를 지원하고 현실화하는 것은 다수의 사람들이다.

역사 속에서 보면 남녀 평등, 왕권신수설의 부정, 신분제도의 폐지, 민주주의, 지동설, 다빈치의 수많은 아이디어와 같은 시대를 앞서간 사상과 기술은 당시에는 지탄의 대상이었다. 탁월한 사상과 기술이었지만 당시 사회 구성원들이 이를 받아들일 수준이 되지 않았던 것이다. 결국 개인의 변화는 개인에만 국한된 것이 아니라 내가 속한 조직과 사회의 성장에 중요한 역할을 한다.

개인의 변화를 만드는 대표적인 방법은 교육, 독서, 경험이다. 교육은 가장 보편적인 역량 강화 방법으로서 공교육과 인터넷 강의에서부터 대학이나 유학처럼 비용이 많이 드는 방법까지 다양한 콘텐츠와 수단이 있다. 독서는 책을 수단으로 이용하는 방법으로서 공공 도서관 및 작은 도서관의 확충으로 어디에서나 최저의 비용으로 최고의 정보를 접할 수 있는 기회를 제공하고 있다. 경험은 시·공간의 제약이 많지만 몸으로 배우기 때문에 가장 효과적인 방법이다. 이런 변화의 방법을 선택할 때는 사회적 강요나 주변 사람을 따라 하기보다는 자신의 목적과 수준 그리고 여건을 고려해서 선택하는 것이 효과적이다.

개인의 변화를 만드는 보편적인 대상으로는 지식, 인격, 신체가 있다. 먼저 지식은 책이 머리에 영향을 미치는 경우로서 다양한 책에서 얻은 정보를 자신의 데이터베이스에 쌓은 결과물이다. 우리는 이렇게 쌓은 지식을 바탕으로 창의적 결과물을 생산한다. 그리고 그 결과물의 가치에 따라 사회적·경제적 평가와 이익을 얻을 수 있다. 이런 이유로 많은 사람이 양질의 지식을 얻기 위해서 좋은 책을 읽고 좋은 학교에서 공부하려고 노력한다.

여기서 꼭 기억할 것은 지식만으로는 어떤 가치도 만들어 낼 수 없다는 점이다. 지식은 가치 있는 결과물이 있을 때만 인정받을 수 있다. 즉 의학 공부를 했다면 의사가 되어야 하고 법을 공부했다면 법조인이 되어야 가치를 인정받을 수 있다. 그렇다고 꼭 대단한 정보를 지식화하고 대단한 결과물을 생산해야 하는 것은 아니다. 당신이 통닭집을 운영하고 있다면 관련된 정보를 체계화한 후 이를 바탕으로 차별화된 메뉴와 서비스 그리고 가격도 하나의 독창적인 결과물이 될 수 있다. 밥선생으로 유명한 백종원은 요리에 대한 체계화된 지식을 바탕으로 누구나 쉽고 맛있게 요리할 수 있는, 차별화된 레시피를 선보였다. 이런 차별화되고 독창적인 결과물은 우리를 사회적 분야 또는 경제적 분야에서 우위에 설 수 있는 기회를 제공한다. 따라서 당신의 사회적 가치를 높이고 경제적 상황을 개선하고 싶다면 지식의 변화에 집중하라.

'사람으로서의 됨됨이 또는 사람의 품격'을 의미하는 인격은 책이 마음에 영향을 미친 경우로서 사람들을 조화롭게 하고 나아가 사회를 성숙시키는 역할을 한다. 아무리 지식이 뛰어나고 과학이 발전해도 사회 구성원들의 반목과 갈등이 있는 공동체는 유지되기 어렵다. 역사적으로 프랑스 혁명과 러시아 혁명 그리고 공산주의의 붕괴를 야기한 갈등의 성격은 달랐지만 결국 사회 구성원들 간의 갈등이 원인이라고 할 수 있다. 우리 사회도 물질만능주의, 배금주의, 인명 경시 풍조, 부의 불균형 등과 같은 문제가 커지면서 구성원 간의 갈등이 깊어지고 있다. 이런 현상이 심화되면 묻지마 범죄, 은 둔형 외톨이, 극단적 개인주의와 폭력이 난무할 수 있다. 이런 문제는 우리나라뿐만 아니라 미국과 같은 자본주의를 택한 국가에 공통적으로 나타나고 있다. 국가는 이런 문제를 해결하기 위해서 학교에서는 인성 교육을 강화하고 사회에서는 각종 상담사 또는 사회복지사들을 늘리는 등 사회적 불만을 해소하려고 노력하고 있다. 문제를 해결하기 위한 이런 국가 차원의 사회적 시스템 구축도 중요하지만 개개인이 스스로 자신의 인격을 성장시키기 위한 노력도 중요하다.

공자의 성선설(性善說)이나 순자의 성악설(性惡說)을 가지고 인간의 본성을 따지기보다 사람들과 어떻게 조화롭게 살아갈 것인가를 고민해야 할 때다. 그런데 그 정답은 이미 나와 있다. 바로 존중과 배려다. 서로 존중하고 배려하면 더 많이 가지려고 불법을 저지르거나 서로 해를 입히지 않을 것이며 다른 사람보다 더 많이 가진 사람들은 사회적 책임에 관심을 가질 것이다. 그런데 문제는 우리의 인격이 자신의 이익을 자제하고 존중과 배려를 실천할 만큼 성장하지 못했다는 점이다. 따라서 누구나 할 것 없이 자신의 인격 고양을 통해 서로 존중하고 배려할 수 있는 능력을 키워야 한다.

탁월한 인물들은 태어날 때부터 고매한 인격을 소유했다고 하지만 우리 같은 보통 사람은 어떻게 인격을 함양할 수 있을까? 스님들처럼 절에 들어가 수양을 하거나 동굴에 들어가서 수련을 해야 할까? 인격을 함양하는 방법은 다양하지만 여기서는 책을 통한 인격 함양 방법을 알아보자. 감정의 변화에서 언급했듯이 우리는 책을 통해 다양한 감정을 경험할 수 있다. 그 스처가는 감정의 경험을 그대로 흘려보내기도 하지만 가끔은 그 감정의 경험에 대해서 평가하고 다짐하고 실천하기도 한다.

여러분도 전쟁의 아픔, 어머니의 마음, 상처 입은 사람들의 감정을 공감하며 조금 더 나은 세상이 왔으면 하는 생각을 해본 경험이 있을 것이다. 그리고 위안부 할머니들을 응원하고 평생 자식을 위해 헌신한 어머니를 이해하려 노력하고 사람들의 감정을 상하지 않도록 말과 행동을 조심했던 경험도 있을 것이다. 이런 작은 배려와 존중의 실천은 우리의 인격을 함양하고 나아가 더 큰 존중과 배려를 실천하게 한다. 만약 당신이 공존과 더 나은 세상에 대한 희망이 있다면 인격이라는 대상을 변화시켜 보자. 당신의 인격이 함양되는 만큼 당신 주위에 사람들이 모여들 것이다.

사회의 변화

마지막으로 공동체의 성장을 위한 사회의 변화다. 역사적으로 종교혁명, 시민혁명, 산업혁명과 같은 긍정적인 변화도 있었지만 공산주의나 전쟁과 같은 부정적인 변화도 있었다. 물론 당시의 모든 선택은 공동체를 위한 최선의 선택이었다고 말한다. 하지만 승자의 변화는 긍정적으로 평가되고 패자의 변화는 부정적으로 평가되는 것이 현실이다.

모든 변화는 현실의 문제를 해결하고 더 나은 세상을 만들기 위한 행동의 결과다. 이런 변화는 변화의 이익을 소수에 두느냐 다수에 두느냐에 따라 그 결과가 달라질 수 있다. 또한 변화 과정에서 발생할 수 있는 문제를 지혜롭게 해결할 수 있는 능력이 있을 때 긍정적인 결과를 끌어 낼 수 있다. 이는 공산주의의 쇠퇴와 민주주의와 자본주의의 발전을 생각해 보면 쉽게 이해할 수 있다. 물론 민주주의와 자본주의가 다수의 이익을 우선하면서 소수의 이익이 무시되는 문제, 부의 불균형, 빈익빈 부익부와 같은 문제를 여전히 안고 있다. 하지만 이런 문제를 해결하고자 하는 지속적인 노력이 있었기에 현재까지 민주주의와 자본주의가 유지될 수 있었다. 만약 지금이라도 리더들이 소수의 이익만을 추구하거나 민주주의와 자본주의가 가진 문제를 방치한다면 공산주의와 같은 길을 걷게 될 것이다.

우리 같은 개인이 이런 사회의 변화를 주도하기란 쉬운 일이 아니다. 우린 누군가가 만들어 놓은 사상과 문화 속에서 살아가기도 바쁘다. 그저 이전처럼 소수의 탁월한 사람들이 나와서 더 나은 방향으로 세상을 이끌어 주길 기대할 뿐이다. 만약 당신이 이렇게 생각하고 있다면 당신은 세상의 변화를 인지하지 못하고 있다. 과거 공동체 구성원들의 수준이 낮고 사회적 시스템이 부족했을 때는 탁월한 소수의 주도로 사회가 발전했다. 그러나 구성원들의 지적 수준이 향상되고 사회적 시스템이 구축되면서 피터 드러커가 이야기했듯이 지식사회의 도래와 지식노동자들의 활동 속도가 더욱 빨라지고 있다. 과거 절대적 지위와 권력 그리고 지식을 갖춘 소수의 전유물이었던 변화의 주도권이 창의적 결과물을 생산할 수 있는 능력을 가진 다수에게 확대되고 있는 것이다.

변화의 주도권 확대는 다양한 분야에서 다양한 방법으로 나타나고 있다.

평범한 대학생인 주커버그가 만들어낸 최고의 SNS 페이스북, 모든 사람이 실패할 거라고 생각했던 아이폰, 누군가에 의해서 만들어진 셀카봉, 촛불집회, 팟방의 역사 교실 〈이이제이〉 등 셀 수 없을 정도로 많은 콘텐츠와 상품 그리고 수단과 방법이 사회를 변화시키고 있다. 물론 수요와 공급에 따라 변화에 미치는 영향력이 다르기도 하고 구성원들의 수준에 따라 변화에 영향을 미치는 시점이 달라지기도 한다. 대표적으로 레오나르도 다빈치, 갈릴레오 갈릴레이, 루소, 토마스 모어, 김대중은 시대를 앞선 사상과 결과물 때문에 사회적으로 탄압과 핍박의 대상이 되기도 했다. 하지만 세월이 흘러 사회 구성원들의 지적 수준이 향상되면서 평가절하되었던 그들의 결과물은 사회의 변화에 중요한 역할을 하고 있다.

이제는 당신의 차례다. 당신이 만든 창의적 결과물은 작게는 한 개인의 문제를 해결하고 크게는 다수의 문제, 즉 사회적 문제까지 해결하면서 사회의 변화를 이끌 수 있다. 사람들에게 스스로가 만드는 작은 변화가 사회를 변화시킬 수 있다는 이야기를 하면 "내 주제에 그걸 어떻게 하냐"며 스스로를 비하하는 경우가 많다. 그렇지만 스티브 잡스, 빌게이츠, 워런 버핏, 주커버그, 손정의와 같은 대단한 사람들이 어떤 결과를 만들면서 처음부터 사회의 변화를 꿈꾸었을까? 사회적 변화를 이끌겠다는 생각보다는 자신의 문제를 해결하는 과정에서 만들어진 결과물이 사회적 변화까지 영향을 미쳤던 것이다.

나는 내가 공부한 내용을 책으로 만들어 많은 사람에게 전하고 있다. 이런 과정을 통해서 일어나는 개인적 변화가 사회의 변화로 이어지지 않을 것이라고 누가 장담할 수 있을까? 나는 독서 수준이 올라가면 구성원들의 수준이 올라가고 나아가 사회의 변화에 직·간접적으로 긍정적 영향을 미칠 것이라고 믿는다.

이처럼 여러분도 자신을 믿고 먼저 자신 앞에 놓인 문제에 집중하라. 당신의 문제를 해결하기 위해 만들어진 창의적 결과물은 작게는 당신의 문제를 해결하고 크게는 비슷한 상황에 놓인 다른 이들의 문제를 해결하면서 사회의 변화까지 영향을 미칠 것이다. 작은 변화는 힘이 미약하지만 티끌모아 태산이라는 말처럼 작은 변화가 모이면 분명 크나큰 변화를 만들 수 있다. 이런 사회가 바로 지식사회이고 앞으로 우리가 만들어 가야 할 미래다.

3. 책을 내 것으로 만드는 법 : 사고의 비밀

독서에는 단짝이 있었다. 늘 함께하며 서로의 가치를 높여 주었지만 어느 순간부터 독서는 자신의 단짝을 잃어버리고 반쪽이 되었다. 독서는 혼자가 되었지만 열심히 달렸다. 그러나 아무리 달려도 남는 것이 별로 없다는 생각을 지울 수가 없었다. 그렇다면 독서가 잃어버린 단짝은 무엇일까? 바로 사색(思索)이다.

사색은 '어떤 것에 대하여 깊이 생각하고 이치를 따진다'는 의미로 사고와 일맥상통(一脈相通)한다. 우리는 독서로 책에 있는 재료를 확인한다. 그리고 사색으로 재료들 중에서 필요한 정보를 지식으로 쌓고 다양한 결과물에 지식을 적용한다. 이렇게 중요한 사색은 이제 책의 질과 양에 대한 집착에 밀려 그 자리를 잃어가고 있다. 물론 사색을 하지 않아도 열심히 읽다 보면 책의 유익함을 경험할 수 있다. 하지만 적극적인 사색이 더해지면 막연하게 글자만 읽는 독서보다 몇 배나 더 많은 유익함을 더 얻을 수 있다.

독서는 다만 지식의 재료를 줄 뿐 그것을 자신의 것으로 만드는 것은 사색의 힘이다. – 존 로크

이제 독서에서 사색이 가진 가치를 알게 되었으니 책을 읽고 다시 사색을 시작해보자. 그런데 사색은 어떻게 하는 걸까? 우리는 아침에 눈을 떠서 잠들 때까지 오만 가지 생각을 하며 살아간다. 그런데 정작 사람들에게 생각에 대해서 물어보면 아는 것이 없다. 분명 우리는 수많은 생각을 하고 그 결과에 따라 말과 행동, 보고서와 같은 결과물을 만들어 냈다. 그리고 이렇게 만들어진 결과물로써 개인의 생존에서부터 인류의 생존을 보장받을 수 있었다. 하지만 문제는 이렇게 중요한 역할을 하는 사고를 제대로 사용하지 못하고 있다는 점이다. 단순히 '잘 생각해라', '깊이 사고하라', '신중하게 생각하라'며 독려만 할 뿐 아무도 구체적인 생각의 방법을 가르쳐 주지 않는다. 사고에 대해서 아는 것이 없으니 주먹구구식 방법 또는 경험적 지식에 의존해서 사용할 수밖에 없었던 것이다.

모든 생명체는 저마다의 무기를 가지고 다양한 대상과 경쟁하며 살아간다. 그리고 그 결과에 따라 생존과 멸종이 결정되기도 한다. 이렇게 오랫동안 경쟁을 한 결과 현재 지구에서 주류를 이룬 생명체는 힘과 덩치를 자랑하던

공룡도 아니고 탁월한 감각과 힘과 스피드를 자랑하는 생명체도 아닌, 나약하게만 생각되었던 인간이다.

인간은 인체의 70%를 차지하는 물, 206개의 뼈, 그리고 다양한 조직과 세포 등으로 구성되어 있다. 지구상의 어떤 생명체보다 복잡한 구조를 가지고 있지만 기능적인 측면에서는 특별한 것이 없어 보인다. 생긴 것은 원숭이와 비슷하지만 나무를 잘 타지도 못하고 달리는 능력이나 수영 능력도 내세울 것이 못 된다. 하지만 인간은 현재 지구상에서 가장 발달된 생명체다. 신체적으로 부족한 인간이 살아남아 현재의 문명을 가능하게 한 것은 바로 인간이 가진 '사고' 덕분이다.

우리는 이런 사고 능력으로 타 종과의 경쟁에서는 승리했지만 사회가 복잡해지고 경쟁이 치열해지면서 이전처럼 막연하게 사고를 사용해서는 생존을 보장받을 수 없게 되었다. 따라서 이제는 사고의 원리와 방법을 제대로 알고서 더욱 정교하고 체계적으로 사고를 해야 한다.

왜 사고를 해야 할까?: 생존과 성장

책을 읽다 보면 사고라는 단어가 상당히 많이 나온다. 독서 기술이 궁금해서 책을 펼친 독자 입장에서 보면 조금 의아하게 생각될 수도 있다. 사고가 어떤 가치가 있기에 저자가 이토록 핏대를 올려서 이야기하는 것일까?

가치란 '사물이 지니고 있는 쓸모'를 말하는 것으로서 쉽게 '값어치'라고 할 수 있다. 그렇다면 사고의 가치는 무엇일까? 무엇에 쓸 수 있고 어떤 값어치가 있을까? 사람에 따라 사고의 가치를 다양하게 말할 수 있지만 대표적으로 생존과 성장을 꼽을 수 있다.

생존은 약육강식(弱肉强食)의 원칙과 직결된다. 어떤 이는 이것이 동물들만의 이야기일 뿐이라고 하지만 인간도 고등동물 중 하나라는 사실을 잊어서는 안 된다. 인간은 이런 약육강식의 세계에서 단순한 물리적 힘이 아닌 사고로 만들어진 다양한 도구와 제도를 통해서 강력한 존재가 되었고 결국 다른 종과의 경쟁에서 승리할 수 있었다. 이렇게 다른 종 간의 경쟁에서는 우위를 점했지만 여전히 생존을 위한 약육강식의 법칙은 진행형이다. 바로 다른 종과의 경쟁보다 더 치열한 같은 종과의 경쟁, 즉 사람들 간의 무한경쟁이 진행되고 있는 것이다.

사람들 간의 경쟁도 물론 사고를 통해서 이루어진다. 시험 점수가 대학 입시에서 당락을 결정하고 보고서, 인간관계, 아이디어 등이 직장에서의 생존을 결정한다. 이런 사고의 결과물은 우리의 생존에 크고 작은 영향을 미치고 있다. 다행인 것은 사회가 성장하고 사람들의 욕구가 다양해지면서 예전처럼 성적이나 대학 같은 천편일률(千篇一律)적인 결과에서 벗어나 다양한 결과를 인정하기 시작했다는 사실이다.

다음은 성장이다. 생명체에게 생존은 가장 중요한 요소이지만 생존이 보장된 후에는 삶의 질 향상을 위해서 성장이라는 과제가 주어진다. 성장에는 개체 수의 증가와 다양한 집단의 형성과 같은 유형적 성장과 구성원들의 지적 능력 향상이라는 무형적 성장이 있다. 유형적 성장을 통해서 개체 수가 늘어나면 사회적·경제적으로 다양한 문제가 발생한다. 이런 문제를 해결하는 것이 바로 무형적 성장을 통해서 향상된 지적 능력이다. 만약 한 생명체의 개체 수가 증가하지 않거나 개체 수의 증가에 따른 다양한 문제를 해결하지 못하면 성장은 고사하고 생존 그 자체도 보장받을 수 없다. 이렇듯 성장과 생존은 서로의 필요충분조건을 충족하며 성장은 생존을 유지시키고 생존은 성장을 보장하게 된다.

성장을 위해서는 변화에 적극적으로 대처해야 한다. 물론 영국의 철학자 스펜서의 적자생존(適者生存), 즉 "환경에 적응하는 종만이 살아 남고, 그렇지 못한 종은 도태되어 멸종한다"는 말처럼 변화의 적응은 생존에도 큰 영향을 미친다. 이런 생존과 성장은 '외부적 변화 – 적응 – 성장 – 생존'과 같은 관계를 가지고 있기 때문에 변화하지 않으면 성장하지 못하고 성장하지 못하면 생존을 보장받을 수 없는 것이다.

가끔 강의를 하다 보면 자신은 이제까지 열심히 살아 왔기 때문에 성장보다는 현상 유지만 하겠다는 수강자를 볼 수 있다. 모든 것이 멈춰 있다면 가능한 일이지만 세상은 끊임없이 변하고 있기 때문에 현상 유지를 결심하는 순간 퇴보는 시작된다.

공룡은 약육강식의 측면에서 보면 최상위의 존재였지만 환경의 변화에 제대로 대응하지 못했기에 멸종되고 말았다. 반면 인간은 다양한 환경에 적극적으로 대응함으로써 지구의 대부분 지역에서 종족을 번성시키며 살아가고 있다. 이런 환경 변화에 대한 적응이 여전히 인간의 생존과 성장에 중요한 역할을 하는 것은 사실이지만 우리가 살아가면서 겪게 되는 사회적·경제적 변화도 그 영향이 작다고 할 수는 없다. 어쩌면 이런 사회적·경제적 변화가 우리 개인의 생존과 성장에는 더 큰 영향을 미친다고 볼 수 있다.

이런 생존과 성장에 대한 이야기가 피부에 와 닿지 않을 수도 있다. 그렇지만 이것은 남의 이야기가 아니라 우리가 고민해야 할 현실이다. 주위를 둘러보자. 청년과 고학력 실업자의 증가, 고령사회의 빈곤한 노인들, 짧아진 정년, 장년층과 노년층의 재취업 증가 등은 쉽지 않은 우리네 삶을 여실히 보여주고 있다. 여기에 과학 기술이 발전하면서 개인의 생존과 성장을 위협하는 강력한 경쟁자가 등장했다. 바로 로봇과 인공지능이다. 인간과 알파고 간의 세기의 대결에서도 볼 수 있었듯이 인공지능은 공상 소설의 이야기가 아니라 조만간에 맞이해야 하는 경쟁자다.

물론 로봇과 인공지능이 발달하면서 긍정적인 효과와 새로운 일자리가 창출된 것도 사실이다. 하지만 기존에 숫자를 다루는 직업이나 일반적인 노동직에 종사하는 사람들은 새로운 일자리를 찾아야 할 것이며 이런 상황은 빠른 속도로 확대될 것이다. 이런 이유로 로봇이나 인공지능은 인간의 경쟁자처럼 보이기도 한다. 하지만 로봇과 인공지능은 우리의 경쟁자로 개발된 것이 아니라 동반자적인 목적으로 개발되었다. 문제는 로봇과 인공지능이 일으키는 노동시장과 사회적 변화에 인간이 어떻게 슬기롭게 조화를 이루어 갈 것인가이다.

이제는 막연한 생각과 안일한 태도로는 절대 생존과 성장을 보장받을 수 없다. 우리는 책을 포함한 다양한 경로를 통해서 축적한 지식을 바탕으로 능동적으로 사고해야 한다. 그래서 우리가 처한 상황과 문제를 인식하고 변화에 적합하게 나의 생각과 태도를 바꾸며 차별화된 결과물을 생산할 수 있어야 한다. 그렇지 않으면 많은 사람이 생존을 위협받는 상황에 직면하게 될 것이다. 결국 사고는 과거에도 그랬지만 현재에도 미래에도 인간의 생존과 성장에 크나큰 영향을 미치는 중요한 요소가 될 것이다.

사고는 주로 어떤 일을 할까? : 정보의 지식화, 지식의 가치화

사고의 기능은 다양하지만 크게 '정보의 지식화'와 '지식의 가치화'로 나뉜다. 용어가 생소하다 보니 조금 어렵게 들릴 수도 있지만 옆의 그림을 참고하면 쉽게 이해할 수 있을 것이다.

정보의 지식화

정보의 지식화란 외부의 정보를 기억이라는 활동을 통해서 개인의 지식으로 전환하는 것을 말한다. 이렇게 만들어진 지식은 말을 하고 글을 쓰고 행동하며 만들어내는 모든 결과물의 재료가 된다.

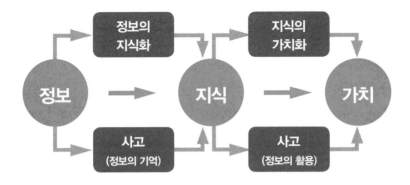

사고의 기능

재료의 질과 양은 그 결과물에 많은 영향을 미친다. 그래서 우리는 양질의 재료를 얻기 위해 책을 읽고 학교에 다니며 공부를 한다. 하지만 책과 교육을 통해서 얻은 다양한 정보가 모두 우리의 지식 데이터베이스에 쌓이지는 않는다. 여기에는 여러 가지 이유가 있지만 그중 하나가 사고가 가진 '정보의 지식화' 기능을 제대로 활용하지 못하기 때문이다. 공자는 "배우되 생각하지 않으면 어둡고, 생각하되 배우지 않으면 위태롭다"라는 말로 공부에서 사고가 중요하다는 것을 강조했다. 물론 우리도 사고의 중요성은 안다. 하지만 사고를 공부에 제대로 활용하지 못하고 있는 것이 현실이다.

'정보의 지식화'를 위해서는 먼저 다양한 경로를 통해 얻은 정보 중 필요한 정보와 불필요한 정보를 구분한다. 그리고 필요한 정보들을 잘 기억할 수 있도록 요약 정리하거나 이미 알고 있던 정보들과 구성하는 과정을 통해서 정보를 지식화할 수 있다. 이런 예는 공신들이 마인드맵, 요약, 그림, 도형 등과 같은 도구를 이용해서 핵심을 요약하고 정보들을 연결하고 구성하는 사례를 통해서 확인할 수 있다. 그렇다면 단순한 베껴 쓰기는 도움이 될까? 내용을 인지하는 데는 도움이 되지만 정보의 지식화 측면에서 보면 부족하다. 그래서 공신들은 수업 중에 베껴 쓴 노트를 복습하며 자신만의 스타일로 요약하거나 다시 정리한다.

〈EBS 공부의 왕도-인지 세계는 냉엄하다〉에서 학생들을 대상으로 100개의 카드를 기억하는 실험이 있었다. 그 실험에서 100개의 카드를 무작위로 기억하기보다는 같은 주제끼리 연결하고 구성할 때 학생들은 더 많은 카드를 기억했다. 바로 기억할 덩이의 수를 줄이고 주제별로 정보를 구성함으로써 기억의 접근성을 용이하게 한 결과다. 그래서 공신들은 사과, 바나나, 귤과 같은 정보를 상위 개념인 과일이라는 단어로 범주화하고 '태정태세문단세~'와 같이 첫 글자를 묶어서 공부한다. 그리고 핵심을 요약하고 도형이나 마인드맵으로 내용을 시각화하는 등 방식은 다르지만 공통적으로 사고를 적극적으로 활용하며 정보를 지식화하고 있다.

이렇게 지식화된 정보들이 일정량을 만족하고 정보들 간의 네트워크가 구성되면 통찰력에 필요한 지식체계를 얻을 수 있다. 여기서 통찰력이란 사물이나 현상을 통찰할 수 있는 능력을 말한다. 쉽게 이야기하면 A, B, C라는 문제가 주어졌을 때 기억 속에 A, B, C라는 지식이 있는 사람은 누구나 문제를 해결할 수 있다. 그런데 AC-BC-AA라는 문제가 주어지면 어떨까?

A, B, C라는 정보를 단편적으로 기억하는 사람은 문제를 해결하기가 쉽

지 않다. 하지만 A, B, C의 정보가 서로 네트워크를 구성하고 있는 사람은 쉽게 문제를 해결할 수 있다. 우리는 이런 네트워크화된 지식체계를 바탕으로 문제를 해결할 수 있는 사람을 '전문가'라고 부른다. 그들은 전문적인 지식을 바탕으로 다양한 문제를 해결하고 해당 분야에 창의적인 결과물을 생산해 낼 수 있는 사람들이다.

결론적으로 '정보를 지식화'하는 사고 활동은 수많은 정보 중 필요한 것들을 추출하고 그것들을 이해와 기억이 쉽도록 만드는 작업이다. 그리고 이렇게 만들어진 지식을 반복하면 오랫동안 기억을 유지할 수 있다. 하지만 반복을 하지 않더라도 '정보를 지식화'하는 과정만으로도 어느 정도 기억력을 유지하는 데 많은 도움이 될 뿐만 아니라 정보를 추출하고 구성하는 능력까지 향상시킬 수 있다.

지식의 가치화

'정보의 지식화'가 외부의 정보를 우리 머릿속에 입력하는 것이라면 '지식의 가치화'란 머릿속에 있는 지식을 이용해서 결과물을 생산하거나 문제를 해결하는 것이다. 즉 '지식의 가치화'란 자신이 가진 지식을 바탕으로 가치 있는 결과물을 창조하는 것을 말한다. 이때 자신이 기억한 내용을 단순하게 적용할 수도 있지만 정보를 가감(加減)하고 재해석하고 재구성하는 창의적 방법을 사용할 때 더욱 가치 있는 결과물을 생산할 수 있다.

사람들에게 지식을 가치화한 결과물에 대해서 물어보면 대부분 고개를

떨구거나 서로 눈치만 보는 경우가 많다. 지식의 가치화란 용어가 생소할 뿐 우리는 지식을 바탕으로 끊임없이 가치 있는 결과물을 생산하고 있다. 여러 분이 작성하는 메모, 숙제, 보고서, 대화, 일기, 요리, 운동 등 말과 글 그리고 행동들이 바로 가치 있는 결과물이다. 사람들은 아이폰이나 페이스북처럼 사회적·경제적으로 인정받은 것만이 가치 있다고 생각하는 경향이 있다. 그렇지만 우리가 만들어낸 모든 결과물은 나름의 가치를 가지고 있다. 단지 대중적인 가치가 다를 뿐이다. 대중적 가치는 다른 사람의 공감 정도와 비례한다. 우리가 쓴 일기는 개인적으로는 가치가 크지만 사람들의 공감을 얻지 못하는 이상 대중적 기준에서 보면 가치가 낮다고 할 수 있다. 하지만 2차 세계대전 당시 사춘기 소녀가 작성해서 1947년 발간된 『안네의 일기』는 그 시대의 아픔과 소녀의 순수한 감성이 많은 사람에게 공감을 불러 일으켰다. 그 덕분에 개인의 일기와는 비교할 수 없을 만큼의 역사적·사회적·경제적 가치를 인정받을 수 있었다. 이런 가치와 공감의 관계는 싸이의 〈강남스타일〉을 우리나라만 즐겼을 때와 전 세계 사람들이 함께 즐겼을 때 만들어진 가치를 생각해 보면 쉽게 이해할 수 있을 것이다.

수업 시간에 이런 질문을 한 적이 있다.

"여러분들의 지식으로 만들어낸 최고의 결과물은 무엇일까요?"

사람들이 서로의 얼굴을 처다보며 침묵을 지키고 있는데 어디선가 "아이들요"라는 대답이 들렸다. 물론 아이들은 생물학적으로 최고의 결과물이지만 사고의 결과물은 아니다. 우리가 만들어낸 최고의 결과물은 바로 '자기 자신'이다. 우리는 다양한 경로로 축적한 지식을 바탕으로 가치 있는 결과물을 만들기 위해서 수많은 도전과 실천을 해왔다. 그 결과 자신만의 스타일과 사상 그리고 직업이나 특정 기술을 가지게 되었다. 만약 당신이 지금의 지식이 없었거나 도전과 실천이라는 노력이 없었다면 당신은 지금의 자리에 있지 못했을 것이다.

결국 삶은 지식을 바탕으로 만들어낸 결과물의 가치에 따라 생존과 삶의 질이 결정된다고 해도 과언이 아니다. 따라서 마르틴 발저의 "사람은 자기가 읽은 것으로 만들어진다"는 말처럼 우리는 지속적인 성장을 위해서 어떤 지식을 쌓고 어떤 가치 있는 결과물을 만들어 낼 것인가에 대한 고민을 치열하게 할 필요가 있다.

생각은 어떻게 하는 것일까? : 연결과 구성

"여러분은 사고를 할 줄 아나요?"

"……"

"사고라는 단어가 어렵다면 생각이라는 단어로 바꾸어 다시 질문하겠습니다. 여러분은 생각을 할 줄 아나요?"

"생각이야 누구나 다하고 살죠."

"그렇다면 생각을 어떻게 하는 거죠? 생각의 방법을 아는 분 계세요?

"……"

　우리는 매일 사고 또는 생각이라는 기능을 사용하면서 살아가지만 그 방법을 제대로 알고 사용하는 사람은 드물다. 대부분 경험과 습관에 의존해서 사고를 할 뿐이다. 물론 사고 방법을 잘 몰라도 탁월한 사고의 결과물로써 인정을 받는 사람들이 있다. 우린 이런 사람들을 '천재'라고 부른다. 그리고 우리도 언젠가는 탁월한 결과물로써 자신의 위대함을 드러낼 기회가 있을 것이라고 기대한다. 하지만 우리 같은 보통 사람들이 사고의 방법을 제대로 모르는 상태에서 탁월한 사고의 결과를 기대하는 것은 개천에서 용이 나오는 것만큼 어려운 일이다. 따라서 우리는 인간이 가진 최고의 무기인 사고의 사용법을 배우고 익숙하게 사용할 수 있도록 훈련을 해야 한다. 그래야만 우리가 원하는 결과물을 만들어 낼 수 있다.

　그렇다면 사고는 어떻게 사용하는 것일까? 사고하는 모습을 살펴보면 사고의 방법을 쉽게 찾을 수 있다. 먼저 시험 볼 때의 상황을 살펴보자. 우리가 시험지를 받으면 문제가 요구하는 것을 파악하고 지난밤에 공부한 내용을 떠올리며 문제에 가장 적합한 정보들을 가려서 조합한다. 결국 시험이란 문제 해결에 필요한 정보를 우리의 지식 데이터베이스에서 찾아서 답으로 작성하는 것이다. 물론 정보가 없어서 답안을 작성하지 못하는 경우도 있고 정보를 가지고 있지만 문제와의 관계성을 찾지 못해서 작성하지 못하는 경우도 있다.

다음으로 직장에서 보고서 작성할 때를 살펴보자. 상사로부터 어떤 주제의 보고서 작성을 지시받으면 보고서의 주제를 파악하고 그와 관련된 정보를 수집한다. 그렇게 수집된 정보를 상사에게 그대로 전달하는 것이 아니라 상사의 요구에 맞춰 이해하기 쉽도록 구성한 후 제출한다. 이때 보고서의 수준은 보고서에 담긴 정보의 질과 내용 구성으로 결정된다. 여기서 주제를 파악하고 주제와 관계된 정보를 수집하고 구성하는 것이 사고의 영역이다.

마지막은 고인이 된 스티브 잡스가 혁신의 대명사인 아이폰을 개발할 때를 생각해 보자. 스티브 잡스는 핸드폰 시장에 진입하고 싶었지만 삼성과 노키아 그리고 모토로라가 선점하고 있는 거대한 시장에 뛰어들기가 쉽지 않았을 것이다. 그래서 그는 이제까지 세상에 없었던 핸드폰이 있어야 승산이 있다는 생각에 핸드폰에 융합할 기술을 찾았다. 터치스크린 기술, MP3 기술, 인터넷 기술, 어플 활용 기술 등과 같은 무수한 기술 중 필요한 기술을 추출해서 소비자들의 감성과 호기심을 총족해 줄 수 있도록 재구성해 탄생한 것이 바로 아이폰이다. 여기서 사고는 시장 상황을 인식하고 주제에 맞는 기술의 수집과 추출 그리고 효과적인 구성이라는 작업을 수행했다.

세 가지 사례를 살펴보면 공통적으로 문제가 주어졌을 때 그와 관련된 정보를 연결하고 연결된 정보를 효과적으로 구성하는 과정이 진행됨을 알 수 있다. 이러한 연결과 구성이 바로 사고의 방법이다. 연결은 문제와 관련된 정보를 수집하고 구성은 수집된 정보를 가치 있게 조합하는 역할을 한다. 이런 사고과정은 뇌에서 진행되기 때문에 눈으로 확인하기가 쉽지 않지만 뉴런의 활동을 살펴보면 사고과정을 엿볼 수 있다.

뇌를 구성하는 신경세포인 뉴런은 오감을 통해서 받아들인 정보를 처리하고 지시하는 역할을 한다. 뉴런은 그리스어의 밧줄 또는 끈을 뜻하는 말에서 유래된 어원처럼 양끝을 풀어 헤친 밧줄이나 끈처럼 생겼다. 짧은 끈이나 밧줄은 그 자체로서는 쓸모가 없지만 서로 연결해서 바구니나 그물로 만들면 쓸모 있는 물건이 된다. 우리가 가진 1,000억 개 이상의 뉴런도 짧은 끈과 같아서 독립적으로 사용되기보다는 감각뉴런, 연합뉴런, 운동뉴런 등 수많은 뉴런과 연결해서 신경회로를 구성할 때 가치가 발생한다. 즉 우리가 뱀을 보면 시각 정보가 감각뉴런에 전달되고 감각뉴런은 뱀에 대한 기억 또는 정보를 가진 뉴런과 연결해 정보를 처리한다. 그리고 그 결과에 따라 연합뉴런과 운동뉴런이 연결되어 작동하면 달아나거나 뱀을 잡는 행동이 나오는 것이다. 이 같은 뉴런의 연결과 구성이 바로 사고과정이라고 할 수 있다.

사고를 한다는 것은 어떤 주제와 관련된 정보를 끊임없이 연결하고 구성하는 행위다. 머릿속에서 수많은 정보를 검색하며 정보를 연결하다가 잘되지 않으면 머리를 흔들기도 하고 생각지도 못한 연결 고리를 찾아보기도 한다. 그러다 문제가 해결되면 "아~"라는 탄성을 지르기도 한다. 가끔 멍하게 있는 이에게 뭐하냐고 물어보면 생각하고 있다고 말한다.

멍하게 있는 것과 사고하는 것의 차이는 목적으로 구분된다. 멍하게 있는 경우는 목적이 없기 때문에 연결과 구성이라는 사고과정이 발생하지 않는다. 반면 사고는 목적이 분명하기에 주제와 관련된 정보들의 끊임없는 연결과 구성 활동이 일어난다. 예외적으로 목적을 가지고 멍하게 있는 경우도 있다. 바로 생각을 비울 때다. 장시간 사고 활동을 하다 보면 머릿속은 낙서가 되어 있는 칠판처럼 복잡해진다. 이럴 때는 칠판을 지우듯 생각을 덜어내기 위해서 멍하게 있는 경우도 있다.

사고 방법은 이처럼 아주 간단하다. 하지만 실제로 사고를 통해 정보를 연결하고 구성하는 일은 간단하지가 않다. 이는 지능의 높고 낮음의 문제가 아니라 사고에 익숙하지 않기 때문이다. 따라서 책을 읽고 꾸준한 사고의 경험은 사고를 익숙하게 하는 데 최고의 방법이다. 그리고 뒤에 나오는 다양한 훈련들을 더하면 더욱 체계적이고 정교한 사고를 할 수 있다.

사고에도 종류가 있을까? : 인지적 사고, 창의적 사고

독서를 하면 창의적 사고를 계발할 수 있다고 한다. 그렇다면 창의적 사고는 무엇이며 독서는 창의적 사고만을 길러주는 것일까?

창의적 사고

창의적 사고는 창의력이라는 이름으로 불리며 '정보를 지식화하고 지식을 가치화'하는 핵심 역할을 한다. 이런 창의적 사고의 중요성은 과거부터 늘 강조되었지만 우리 사회가 그 가치를 공유하기 시작한 것은 그리 오래되지 않았다.

이전에는 창의적 인재보다는 공부 잘하고 똑똑한 인재, 즉 인지적 사고가 뛰어난 인재들을 선호했다. 하지만 경제적·사회적 수준이 향상되고 경쟁이 치열해지면서 창의적 사고와 창의적 인재의 중요성이 부각되고 있다. 어쩌면 창의적 사고는 정보화 사회에서 지식사회로 전환되고 있는 시점에 일어나는 자연스러운 현상이라고 할 수 있다. 바로 피터 드러커의 이야기처럼 소통되는 정보의 가치가 부와 권력의 중심이 되는 시대가 도래하고 있는 것이다. 우리가 주변에서 쉽게 접할 수 있는 영화, 노래, 게임 등과 같은 다양한 스토리텔링을 갖춘 콘텐츠 등이 막대한 부를 창출하고 새로운 기술과 정보를 가진 국가와 기업이 부각되는 현상을 통해서 이런 현실을 엿볼 수 있다.

창의적 사고는 사고의 방법 중 구성 기술을 주(主)로 사용하고 연결 기술을 부(附)로 사용한다. 이를 사고의 기능인 '정보의 지식화'와 '지식의 가치화' 과정을 통해서 살펴보자. 정보를 지식화하기 위해서는 먼저 지식화할 정보를 파악한다. 그리고 파악된 외부적 정보를 개인의 내부적 정보와 관계성에 따라 연결하고 구성하면서 정보를 지식화한다. 이때 많은 양의 정보를 낱개로 기억하기보다는 구성을 통해서 기억할 덩이의 개수를 줄이는 것이 중요하다.

EBS 〈공부의 왕도〉에서 바둑 기사와 일반인을 대상으로 바둑판 외우기 실험을 진행했다. 30초 동안 바둑판 위에 있는 100개의 돌을 기억해서 새로운 바둑판에 기억한 바둑알의 위치를 복기하는 실험이다. 바둑 기사는 어렵지 않게 복기를 했지만 일반인은 10개도 제대로 복기하지 못했다. 바둑 기사는 바둑알의 패턴을 고려해 4개의 덩어리만을 기억한 반면 일반인은 100개의 돌 위치를 하나하나 기억하려 했던 것이다.

두 번째 실험에서는 100개의 돌을 무작위로 바둑판에 올려두고 앞의 실험처럼 복기하도록 했다. 결과는 바둑 기사와 일반인 모두 10개 정도의 바둑알을 복기했을 뿐이다. 바둑 기사는 널려 있는 바둑알들이 공통된 규칙이 없어서 구성을 할 수 없었기 때문이라고 했다. 이렇듯이 정보를 지식화할 때는 내부적 정보와 외부적 정보의 관계성을 고려해서 연결과 구성을 통해 기억할 덩이를 줄여야 효과적으로 지식화할 수 있다.

다음으로 지식을 가치화하기 위해서는 주어진 주제 또는 문제 해결에 필요한 정보나 지식을 추출한다. 그리고 추출된 정보를 상대의 니즈(needs)를 충족할 수 있도록 구성한다. 스티브 잡스가 세상에 없는 핸드폰을 만들기 위해서 필요한 정보를 추출하고 아이폰이라는 이름으로 구성한 결과물이 좋은 예다.

정보를 지식화하고 지식을 가치화할 때 연결과 구성이라는 방법을 똑같이 사용하지만 조금 다른 점이 있다. 정보를 지식화할 때의 연결은 자신의 내부적 정보를 보완하거나 강화할 수 있는 정보를 기준으로 삼고 구성은 자신이 가장 잘 기억할 수 있는 구조가 기준이 된다. 반면 지식을 가치화할 때의 연결은 문제나 주제에 적합한 정보를 기준으로 삼고 구성은 결과물을 요구하는 사람의 니즈(needs)가 기준이 된다. 즉 정보를 지식화할 때의 기준은 자신이 되고 지식을 가치화할 때의 기준은 결과물을 요구한 상사나 고객의 니즈(needs)가 되는 것이다. 창의적 사고는 이렇게 상대의 니즈(needs)를 충족하고 문제를 해결하는 데 주로 사용되기 때문에 '문제 해결 능력'이라고도 한다.

독서를 많이 하면 이런 창의적 사고를 향상하는 데 많은 도움이 되는 것은 사실이다. 하지만 단순하게 읽기만 해서는 안 된다. 책에서 얻은 재료를 가지고 다양한 형태로 연결하고 구성하는 연습을 해야만 창의적 사고를 향상시킬 수 있다. 앞에서도 언급했듯이 사고는 근육과 같아서 자주 사용해야만 능숙하게 사용할 수 있기 때문이다. 그렇다면 창의적 사고만 할 수 있으면 정말 창의적 인재가 될 수 있을까? 창의적 사고가 어떤 결과를 만들기 위해서는 재료가 필요하다. 그 재료를 만들어 주는 것이 바로 인지적 사고다.

인지적 사고

인지적 사고는 정보를 파악하는 역할을 한다. 여기서 인지적 사고의 대상이 되는 정보는 외부적 정보와 내부적 정보로 구분된다. 외부적 정보는 신체의 외부에서 오감으로 들어오는 모든 정보를 말하고 내부적 정보는 우리 내부에 이미 존재하고 있는 정보를 일컫는다. 우리는 주로 학습, 독서, 사회 활동을 통해서 새로운 외부적 정보를 인식한다. 그리고 그런 정보를 통해서 자신이 무엇을 좋아하고, 잘하는지 그리고 막연했던 자신의 생각을 구체화하는 등 자신의 내부적 정보를 파악하기도 한다. 물론 소수의 탁월한 인재들은 외부적인 정보 없이 자신에게 끊임없는 의심과 질문을 던지며 자기 성찰로써 내부적 정보를 파악하기도 한다. 그 대표적인 위인이 "너 자신을 알라"라는 명언으로 유명한 소크라테스다. 그는 외부적인 정보와 더불어 자신이 무엇을 알고 무엇을 모르는지를 먼저 알아야 한다고 주장했다. 이는 정보의 홍수에 살면서 정보의 질과 양에 집착하는 우리들에게 꼭 필요한 지혜다.

지인 중에 꽃과 관련된 사업과 강의를 하는 분이 있다. 이 분은 책을 출판하려는 계획을 가지고 있지만 막상 책을 쓰려고 하니 자신의 지식이 부족하다는 생각에 대학원에서 공부를 하려고 계획하고 있었다. 그분은 15년 이상을 꽃과 관련된 실무와 공부를 했기 때문에 이 분야에 대해서 누구보다도 해박한 지식을 가지고 있음에도 책에 쓸 말이 없다고 했다. 나는 "무조건 공부하기보다는 먼저 자신이 무엇을 알고 무엇을 모르는지를 파악한 후 부족한 부분을 채우는 공부를 하라"고 조언했다. 대부분의 사람이 외부적 정보를 파악하는 일에는 익숙하지만 자신의 내부적 정보를 파악하는 일에는 익숙하지 않다. 이는 한 개인의 문제가 아니라 우리 사회가 가진 시스템이 이런 기회를 부여하지 않을 뿐만 아니라 내부적 정보의 가치를 알지 못하기 때문이다.

당신은 어떨까? 만약 당신의 상태를 확인하고 싶다면 컴퓨터 바탕 화면을 보면 된다. 각종 정보 파일과 실행 파일이 널려 있다면 당신은 내부적 정보보다는 외부적 정보에 관심이 많다고 할 수 있다. 이런 경우 자신이 가진 정보를 정리하고 체계화하지 못하기 때문에 정보 활용 능력이 떨어지고 심지어는 정보를 중복해서 입력하기도 한다. 사람의 두뇌도 이와 같아서 자신이 가진 정보를 제대로 파악하지 않으면 아무리 좋은 정보라도 활용하지 못하고 중복해서 공부하는 경우가 발생한다. 따라서 컴퓨터 하드디스크에 있는 정보를 파악한 후 폴더를 이용해 분류하면 효과적으로 정보를 사용할 수 있고 불필요한 정보를 획득하는 수고도 덜 수 있다. 즉 우리가 무엇을 알고 무엇을 모르는지를 살펴 자신만의 기준에 따라 정보를 분류하면 더욱 효과적으로 정보를 사용할 수 있고 불필요한 학습 시간도 줄일 수 있다.

인지적 사고는 사고 방법 중 연결 기술을 주(主)로 사용하고 구성 기술을 부(附)로 사용한다. 수업 시간에 선생님은 여러 가지 이야기를 한다. 단편적인 이야기처럼 들리지만 그 이야기를 관계성에 따라 연결하면 수업 주제를 파악할 수 있다. 만약 정보 간의 연결이 원활하지 않으면 어렵다거나 잘 이해되지 않는다. 이때 질문을 하면 선생님은 정보 간의 연결을 돕는 추가적인 설명을 해 준다. 그 설명으로 정보들이 자연스럽게 연결되면 "아~"라는 감탄사와 함께 이해를 하게 되는 것이다. 그런데 많은 학생이 수업에서 얻은 정보를 연결하지 않고 부분적인 내용에만 집중한다.

이런 문제는 독서를 할 때도 발생한다. 저자는 전달하고 싶은 메시지를 다양한 이야기에 풀어 책에 담는다. 하나하나 독립적인 이야기처럼 보이지만 그 이야기들을 관계성에 따라 연결하면 저자의 메시지를 이해할 수 있다. 하지만 독자들은 자신이 재미있었거나 감동적인 내용을 위주로 책을 이해하는 경우가 대부분이다. 이런 독서가 나쁘다고 할 수는 없지만 부분적인 내용으로 책을 자의적으로 이해하다 보면 저자가 전달하고자 하는 내용이나 메시지가 왜곡될 수 있다. 따라서 정보를 제대로 인지하기 위해서는 정보들의 관계성에 따라 연결하고 구성해서 전체적인 내용을 파악해야 한다. 이런 이유로 인지적 사고를 '핵심 파악 능력'이라고도 한다.

그렇다면 인지적 사고와 창의적 사고 중 어느 것이 더 중요할까? 대부분의 사람은 창의적 사고가 더 중요하다고 생각하겠지만 정답은 '둘 다 중요하다'이다. 창의적 사고만 뛰어난 사람들은 4차원이라고 놀림을 받을 수 있다. 그들은 정보를 구성할 수 있는 능력은 탁월하지만 재료(정보)가 부족하기 때문에 엉뚱한 결과를 생산하는 경우가 많다. 에디슨이 달걀을 품고, 스티브 잡스가 스승을 찾아 인도로 가는 것처럼 그들은 일반적인 상식으로 이해하기 어려운 행동들을 보여준다.

반면 인지적 사고만 뛰어난 사람들은 그저 모범생이고 우등생일 뿐이다. 주어진 일에 충실하고 해야 할 일을 열심히 하지만 새로운 것을 만드는 능력은 취약하다. 인지적 사고는 재료가 되는 지식을 축적하는 데 사용되고 창의적 사고는 재료를 활용해서 창의적 결과물을 생산할 때 사용된다. 따라서 이 둘은 상호 보완적 관계를 가지기 때문에 제대로 된 사고를 하기 위해서는 두 사고의 균형을 유지하는 것이 중요하다. 즉 창의적 인재는 재료를 얻는 인지적 사고와 새로운 결과를 만드는 창의적 사고가 모두 잘 발달된 인재다.

변화를 방해하는 관습적 사고와 습관적 사고

변화에 도움이 되는 인지적 사고와 창의적 사고가 있다면 변화를 방해하는 사고도 있다. 바로 교육과 문화에 의해서 만들어진 관습적 사고와 매일 반복적으로 이루어지는 습관적 사고다. 우리는 보편적으로 키가 크고 날씬하며 얼굴이 작고 이목구비가 뚜렷한 여성을 미인으로 생각한다. 하지만 과거 미인의 그림이나 사진을 보면 현재와는 그 기준이 달랐다는 사실을 알 수 있다. 이는 미의 기준이 개인적인 것이 아니라 그 시대의 교육과 문화에 의해서 형성된 결과이기 때문이다. 이런 관습적 사고는 감정의 표현에서부터 학교, 직업 등 다양한 선택의 기준에 영향을 미치고 있다.

습관적 사고는 식사 때마다 누구하고 무엇을 먹을지, 불금에는 누구하고 어디에서 놀 것인지와 같이 비슷한 상황에서 비슷한 생각을 규칙적으로 하는 것을 말한다. 이런 습관적 사고는 생각을 단순하게 만드는 경향이 있다. 이런 관습적 사고와 습관적 사고는 개인에 국한된 문제가 아니다.

과거 히틀러는 민족주의와 반유태인 정책을 주장했다. 지금 생각하면 말도 안 되는 이야기지만 당시의 독일 국민은 히틀러의 광기에 열광하며 그를 지지했다. 히틀러가 교육과 문화를 통해서 국민들을 거대한 관습적 사고에 빠뜨렸던 것이다. 이런 관습적 사고에 빠진 사람들은 집단적인 사고와 행동으로 그렇지 못한 사람들을 비난하고 다름을 인정하지 않는다. 이 같은 사례는 어두웠던 우리 과거사에서도 쉽게 찾아 볼 수 있다.

그렇다고 이런 사고가 무조건 나쁜 것은 아니다. 같은 문화와 교육으로 만들어진 관습적 사고는 공동체의 결속과 유대감을 증진시킨다. 그리고 습관적 사고는 정해진 규칙의 실천으로 사회와 개인의 질서 유지에 큰 역할을 했다. 문제는 대부분의 사람이 이런 사고에 빠져 획일적인 사고만을 하는 경우가 많다는 것이다.

관습적이고 습관적인 사고는 보수적인 성향이 강하기 때문에 변화와 도전에 소극적이다. 수질을 깨끗하게 유지하기 위해서는 새로운 물이 공급되어야 하듯이 끊임없이 새로운 정보를 받아들이고 다양한 생각을 해야 한다. 그렇지 않으면 폐쇄성과 편협성으로 변화를 만드는 능력이 위축될 수밖에 없다.

우리는 여전히 수많은 관습적 사고 속에서 매일매일 습관적 사고를 하며 살아간다. 그 속에서 어떻게 변화를 만들어 갈 수 있을까? 그 답은 니체가 말한 "익숙하지 않은 것에 대한 호의"에서 찾을 수 있다. 바로 익숙하지 않은 주제의 책을 읽는 것이다. 대표적으로 고전을 읽으면 낯선 곳으로 여행을 떠나서 익숙하지 않는 것들과 만나게 된다. 이런 경험이 쉽지는 않지만 틀에 박힌 생각을 넓게 하고 다양한 주제에 대해 생각해 볼 수 있는 기회를 얻을 수 있다. 자신의 틀을 깨고 적극적으로 변화를 만들어 가고 싶다면 두려워 말고 익숙하지 않은 책들과 만남을 가져라. 새로운 세상과 마주할 수 있을 것이다.

어떻게 사고를 계발할까? : 정보 제공, 사고 훈련

사고력의 가치가 부각되면서 교구, 퍼즐, 카드, 게임과 같이 사고력 계발에 도움이 되는 도구와 프로그램들이 활발하게 개발되고 있다. 게임이나 카드, 교구를 열심히 만지고 프로그램에 열심히 참여하면 정말 사고력이 계발될까? 개발자 또는 판매자들은 이런 도구와 프로그램의 효과를 장담하지만 소비자 입장에서는 의구심이 드는 것이 사실이다. 이런 경우 사고력 계발의 원리를 기준으로 선택하면 실패 확률을 줄일 수 있다.

사고에 필요한 정보 제공

정보는 관찰이나 측정을 통하여 수집한 자료를 실제 문제에 도움이 될 수 있도록 정리한 것을 의미한다. 이런 정보가 가지는 가치는 첫째, 존재성이다. 우리는 모두 21세기를 살아가지만 각자가 알고 있는 세상의 모양과 크기는 다르다. 과거 중력의 존재를 몰랐을 때는 세상에 중력이라는 것이 존재하지 않았다. 하지만 뉴턴이 중력을 발견하고 우리가 그 사실을 인지하면서부터 중력은 우리가 인지하는 세상에 존재하게 되었다. 결국 우리는 '아는 만큼 보인다'는 말처럼 자신이 아는 정보의 범위가 곧 자신이 볼 수 있는 세상인 것이다. 이처럼 정보는 보이지 않는 것을 존재하게 하는 힘이 있다.

둘째는 창조성이다. 인간은 신과 달리 유(有)에서 유(有)를 창조하기 때문에 창조의 재료가 꼭 있어야 한다. 그 창조의 재료가 바로 다양한 경로를 통해서 얻은 정보다. 우리는 이런 정보들을 가감(加減)·재구성·재해석함으로써 수많은 창조의 결과물을 만들어 내는 것이다.

셋째는 생존성이다. 우리는 생존에 필요한 정보를 갖추기 위해서 초 – 중

- 고 - 대학교를 다니며 공부를 한다. 그리고 기업은 생존을 위해 필요한 기술을 개발하고 정보가 유출되지 않도록 주의한다. 또한 국가도 생존을 위해서 정보를 다양한 등급으로 구분, 관리하고 인접국가의 동향과 군사적 움직임에 관한 정보를 지속적으로 수집하고 있다. 이렇듯 정보는 개인의 생존에서부터 조직의 생존까지 크고 작은 영향을 미치고 있다.

넷째는 권력성이다. 권력은 남을 지배하고 복종시키는 힘을 말한다. 과거 지배층은 이런 권력을 유지하기 위해서 정보를 통제하고 제한된 정보를 제공함으로써 국민을 지배하고 복종시켰다. 바로 왕권신수설과 같이 왕은 신으로부터 선택받은 사람이라는 정보로 왕의 절대적 권위를 인정하도록 했다. 이렇듯 지배층들은 정보의 권력성을 잘 알고 있었기 때문에 과거에는 백성들에게 글조차 가르치지 않았다.

이런 정보의 가치들 중 존재성은 사고 능력을 계발할 때 중요한 요소로 작용한다. 영국의 소설가이자 시인인 키플링이 1894년 발표한 『정글북』에는 모글리라는 늑대 소년이 나온다. 저자는 어릴 적 부모와 헤어진 모글리가 늑대들 사이에서 자라고 여러 동물과 함께 살아가는 모습을 그리고 있다. 모글리는 날카로운 이도 없고 힘도 세지 않으며 잘 달리지도 못하지만 동물의 세계에 적응하며 잘 살아간다. 모글리는 다른 동물보다 부족한 점도 많았지만 어느 동물보다도 탁월한 사고력으로 정글에서 부딪치는 다양한 문제를 해결하며 동물들과 원만하게 살아갈 수 있었다. 그렇다면 정글에서 가장 탁월한 사고력을 가진 모글리에게 우주와 바다에 관한 이야기를 하면 어떨까? 그는 우주와 바다에 대한 정보를 접한 적이 없기 때문에 그의 세상에는 우주와 바다가 존재하지 않는다. 또한 존재하지 않기 때문에 생각조차 할 수 없는 것이다. 따라서 사고력을 넓게 하기 위해서는 지속적인 정보가 제공되어야 한다.

우리가 배우고 접하는 정보는 헤아릴 수 없을 만큼 많다. 이런 풍부한 정보는 사고의 확장을 돕고 창조의 재료가 된다. 사고의 확장은 넓이와 깊이로 구분된다. 사고의 넓이는 다양한 정보의 접촉으로 형성되고 깊이는 한 분야의 전문적인 정보의 접촉으로 형성된다. 그렇다면 사고를 넓게 하는 것이 먼저일까? 깊게 만드는 것이 먼저일까?

결과를 빨리 얻기 위해서는 한 분야의 깊이 있는 정보가 요구되지만 그 주제를 찾기란 쉽지 않다. 김연아나 박태환처럼 어릴 때부터 자신이 집중할 수 있는 분야를 찾은 사람들도 있지만 대부분의 사람은 자신이 무엇을 좋아하고 무엇을 잘하는지 모르고 살아간다. 그래서 먼저 넓게 정보를 취하며 자신이 무엇을 잘하고 무엇에 관심이 있는지, 어떤 주제에 집중할 것인지에 대해서 탐색해야 한다. 그렇게 주제가 정해지면 그 분야의 정보를 집중적으로 탐구하며 사고를 깊게 만든다. 그리고 어느 정도 사고의 깊이가 형성되면 사고를 확장하기 위해서 관련된 다양한 정보들과의 탐색과 융합을 시도한다. 이 같이 사고를 깊게 만들고 넓게 만드는 과정을 반복할 때 우리는 창조를 위한 양질의 재료와 사고 능력을 얻을 수 있다.

정보를 얻는 대표적인 방법으로는 교육, 동영상, 책, 경험이 있다. 교육은 전문가로부터 체계화된 정보를 단시간 내에 얻을 수 있고 쌍방향 소통을 할 수 있다. 또한 수요자에 따라 강의의 난이도를 조정할 수 있고 모르는 것이 있으면 그 자리에서 질문도 할 수 있다. 반면 비용과 더불어 시간적 · 공간적인 요소를 희생해야 한다. 쉽게 말해서 돈을 내야 하고 수업 시간에 맞춰 강의실에 들어가서 수업을 들어야 한다는 것이다. 동영상은 시공간의 제약 없이 적은 비용으로 전문가의 엑기스화 된 정보를 얻을 수 있지만 쌍방향 소통이 제한되고 통제하는 사람이 없기 때문에 집중도와 참여도가 낮다. 책은 가장 저렴한 매체로서 시 · 공간의 간섭을 받지 않으며 어느 매체보다 깊이 있는 정보를 취할 수 있다. 경험은 비용과 시간적 · 공간적인 제약은 많지만 몸으로 배우기 때문에 매우 효과적이다.

매체를 선택할 때는 이런 장 · 단점과 자신의 스타일을 고려해서 선택하고 필요에 따라 혼용해서 활용하면 된다.

사고를 능숙하게 사용하기 위한 사고 훈련

무언가를 능숙하게 사용하기 위해서는 올바른 방법으로 익숙해질 때까지 반복하는 것이 중요하다. 사고력도 연결과 구성이라는 방법을 사용해서 익숙해질 때까지 반복하면 능숙하게 사용할 수 있다. 그렇다면 어떻게 연결과 구성 훈련을 할 수 있을까?

사고 훈련 도구나 프로그램을 보면 유독 블록이나 퍼즐을 이용한 놀이가 많다. 그중 바둑은 사고 훈련에 보편적으로 사용되는 도구로서 백색 또는 흑색의 돌을 연결하고 구성해서 상대보다 많은 집을 확보하면 이기는 게임이다. 게임을 이기기 위해서는 몇 수 앞을 머릿속으로 그리며 돌들을 연결하고 구성해야 한다. 우리 같은 보통 사람들은 두세 수도 생각하기 어렵지만 고수들은 다섯 수 이상을 볼 수 있다고 한다. 이런 연결과 구성 훈련은 분명 사고력 향상에 도움이 되지만 얻을 수 있는 정보가 제한적이다. 바둑을 아무리 열심히 두어도 흰 돌과 검은 돌이 가지는 정보 이상을 얻기 어렵다. 이를 보완하기 위해서는 다양한 정보를 수용할 수 있는 기회를 가져야만 한다.

사고 훈련의 가장 효과적인 수단은 오랜 시간 동안 인간의 뇌와 사고력의 계발에 많은 영향을 준 언어다. 언어, 즉 말과 글을 이용한 사고 훈련은 시간과 장소에 구애받지 않고 비용이 저렴하면서도 매우 효과적이다. 또한 특정 정보를 말과 글의 대상으로 삼으면 지식도 함께 얻을 수 있다.

언어를 이용한 가장 기초적인 방법으로는 단어 사고력 훈련과 문장 사고력 훈련이 있다. 이 방법은 『뼛속까지 내려가서 써라』의 저자 나탈리 골드버그의 방법을 응용한 것으로 어떤 주제에 대해서 단어와 문장으로 표현하는 것이다. 다음 페이지의 표를 참고하자.

구 분	단어 사고 훈련	문장 사고 훈련
주 제	하 늘	하늘이 높다.
훈련 내용	파랗다 검다 비행기 우주 구름 바람 공기 날개 조종사	가을이 되면 사람들은 하늘이 높아졌다고 말한다. 과학적으로 다른 계절에 비해서 공기가 맑고 오염 물질이 적기 때문에 그렇게 보이는 것이다. 하지만 난 다른 계절보다 여유 있는 계절이기 때문이라고 생각한다. 봄은 새로운 것을 준비한다고 바쁘다. 여름은 더위로 몸과 마음이 지치고, 겨울은 추위 때문에 하늘을 제대로 쳐다 볼 여유가 없다. 하지만 가을은 적당한 기온과 풍성한 수확으로 어느 계절보다 여유로운 마음을 가질 수 있다. 이런 마음의 여유가 늘 같은 하늘의 높이를 더욱 높게 보이도록 한 것은 아닐까라는 생각을 해 본다.

단어 사고 훈련은 연결과 구성이라는 사고 방법 중 연결을 훈련하는 방법으로서 통상 30초~1분 내에 주제와 관련된 단어를 적는다. 주제가 주어지면 자신의 지식 데이터베이스에서 그 주제와 관련된 단어를 연결해 작성한다. 이때 주제 단어와 관계된 기능적 · 형태적 · 관계적인 요소를 고려하면 더욱 많은 단어를 쓸 수 있다. 그리고 그 결과를 다른 사람과 공유해 보면 자신이 알고 있지만 적지 못한 단어가 많다는 사실을 알게 된다. 우리는 이런 과정을 통해서 자신이 가진 수많은 지식을 상황에 맞게 연결하는 훈련

을 할 수 있다.

문장 사고 훈련은 연결과 구성을 동시에 훈련하는 방법으로서 통상 5분 내외에 주제문과 관련된 문장을 적는다. 예문은 어느 정도 구성이 된 글이지만 처음에는 '하늘의 높이는 얼마일까, 하늘이 푸르다, 물이 깊으면 검은색을 띠는데 하늘은 파란색을 띤다'와 같은 단편적인 문장들이 나열된다. 연결 훈련이 익숙해지면 나열된 문장을 이야기의 흐름에 따라 구성하는 훈련을 할 수 있다. 그런데 재미있는 것은 나열된 문장을 재구성하기도 하지만 훈련에 익숙해지면 머릿속에서 문장들이 구성되어 순서대로 나온다는 점이다. 수강생들을 살펴보았더니 보통 3~6개월 정도 훈련을 하면 구성이 잡힌 글을 쓸 수 있음을 알 수 있었다.

이런 훈련을 하고 싶다면 단어 사고 훈련을 시작으로 문장 사고 훈련으로 진행하면 된다. 주의할 점은 단어와 문장 훈련의 주제를 같은 맥락으로 잡아야 한다는 것이다. 그리고 훈련 시간이 끝날 때까지 절대로 펜을 멈춰서는 안된다. 마지막으로 문장 사고 훈련을 할 때 맞춤법이나 띄어쓰기는 신경 쓰지 말고 중간에 자신이 쓴 글을 읽지 않아야 한다. 이 훈련의 목적은 사고의 연결과 구성이지 글을 맵시 있게 다듬는 훈련이 아니기 때문이다. 따라서 글을 쓰면서 가장 신경 써야 하는 것은 주제와 관련된 단어나 문장을 연결하고 구성한 결과를 종이에 옮기는 것이다. 글의 질은 그 다음 문제다.

사고 훈련과 함께 지식을 얻고 싶다면 책을 읽은 내용이나 강의 들은 내용을 요약문, 마인드맵, 서평, 독후감 등으로 작성하거나 독서 토론을 하면 도움이 된다. 나는 5쪽 분량의 도서 요약문을 쓰거나 파워포인트를 이용해한 쪽 분량으로 내용을 요약하는 훈련을 하고 있다. 여러분도 자신의 스타일과 목적에 맞춰서 원하는 방법을 선택하면 된다.

만약 당신이 어떤 방법으로 시작해야 할지 모른다면 먼저 일기를 권하고 싶다. 일기는 글쓰기를 익숙하게 만들어 주고 사고의 기회를 제공하기 때문이다. 그리고 여력이 되면 책을 읽고 간단한 내용 요약을 통해서 인지적 사고를 훈련하고 책에 대한 자신의 생각을 기록하면서 창의적 사고를 훈련하면 된다. 사실 글보다는 사람들에게 익숙한 말하기를 권하고 싶지만 말은 들어줄 대상이 있어야 한다. 만약 벽을 보고 매일 혼자 떠들 자신이 있다면 말하기로 시작하는 것도 나쁘지 않다. 하지만 결국에는 글쓰기를 해야 한다. 글이 말보다 더 정교한 사고를 요구하기 때문이다.

수업을 듣는 사람들이 궁금해 하는 것들 중의 하나가 '얼마나 훈련해야 사고를 잘 할 수 있는가'이다. 강의를 진행하면서 지켜본 결과 어느 정도 사고에 익숙한 사람은 3개월, 일반인은 6개월 후부터 변화를 확인할 수 있었다. 그리고 사고를 익숙하게 사용하기까지는 대략 1년이 걸렸다. 이런 변화의 근거는 책을 읽고 내용을 파악하는 인지적 사고와 말이나 글을 통해 자신의 생각을 표현하는 창의적 사고, 두 가지 관점에서 수강자들을 관찰한 결과다. 물론 개인의 열정이나 역량에 따라 이 기간은 달라질 수도 있다. 그런데 일부 사람들은 몇 번의 훈련만으로 사고력을 계발하고 싶어 한다. 그래서 광고성 멘트처럼 단기간에 완성할 수 있는 획기적인 프로그램을 기대한다. 단언컨대 단기간에 돈을 벌 수 있다거나 무언가를 배울 수 있다는 것은 허위 광고일 가능성이 높다. 물론 단기간에 탁월한 방법과 강한 집중력으로 일반적인 소요 시간보다 빠른 결과를 얻을 수도 있다. 하지만 이런 결과를 얻기 위해서는 남다른 인내력이 필요하다.

사고 훈련을 할 때 주의해야 할 점

사고 훈련을 할 때 몇 가지 주의해야 할 사항이 있다. 첫째, 사고 훈련의 목적을 분명히 한다. 사고 훈련은 생각보다 힘들고 외롭다. 몸이 힘들다기보다는 익숙하지 않기 때문에 지루하고 어색하고 주제를 벗어난 수많은 잡생각이 머리를 메우는 경우가 많다. 그리고 구체적인 결과물이 없는 경우가 많다 보니 다른 사람들 눈에는 비생산적으로 보일 수도 있다. 따라서 사고 훈련을 시작하기 전 사고 훈련의 목적과 그 목적 달성으로 얻을 수 있는 유익함을 머릿속으로 그려보는 것이 좋다.

둘째, 규칙적인 훈련 시간을 확보한다. 보편적으로 태권도나 수영도 6개월 동안 매일 다녀야 변화가 시작되고 1년은 다녀야 구체적인 변화를 얻을 수 있다. 사고 훈련도 규칙적으로 일정 시간을 훈련해야 긍정적인 결과를 얻을 수 있다. 시간이 부족하면 관습적이고 습관적인 사고에서 벗어나기 어렵다. 자신만의 이야기를 하기 위해서는 관습적 사고나 습관적 사고와 같은 표피적인 사고에서 더 들어가 자신의 내면에 닿을 수 있을 만큼의 시간이 필요하다.

셋째, 불필요한 정보를 차단한다. 우리가 하루 동안 문자, 메일, SNS, 인터넷 검색, TV를 통해서 접촉하는 정보의 양은 굉장히 많다. 그런데 이들 정보 중 상당수가 불필요하거나 단순한 재미와 호기심으로 확인하는 것들이다. 사람의 뇌는 한꺼번에 두 가지 일을 처리하기 어렵기 때문에 정보 인지에 많은 시간과 에너지를 소모하게 되면 상대적으로 창의적 사고를 할 수 있는 시간과 에너지가 줄어든다. 특히 사고 훈련 중 불필요한 정보의 유입은 사고의 연속성을 해치게 된다. 따라서 훈련을 할 때는 잠시 전화기를 꺼 두거나 인터넷을 차단하는 것이 효과적이다. 그리고 평소에도 자신이 노출되는 정보를 체크해서 불필요하다고 생각되는 정보를 차단하면 시간과 에너지의 낭비를 막을 수 있다.

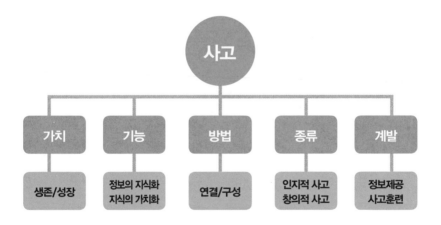

Part 4

오늘부터
실천하는
독서 기술

1896년 제1회 아테네올림픽 육상 100m 결승 경기 출발선에 미국 보스턴대학교 학생인 토머스 버크가 서 있다. 그런데 그는 우스꽝스럽게 양손으로 땅을 짚고 머리를 숙이고 엉덩이를 하늘로 치켜세운 자세로 신호를 기다리고 있었다. 사람들은 그의 자세를 비웃었지만 그는 12초의 기록으로 근대 올림픽 육상 100m 경기 첫 금메달의 주인공이 되었다. 그가 취한 자세는 일명 '크라우칭 스타트'(crouching start · 웅크린 채 출발하는 기법)로 육상의 혁명이라는 찬사를 받으며 단거리 육상의 기본 스타트법으로 자리를 잡았다.

멀리뛰기에서는 보편적으로 젖혀뛰기(Hang style)를 해왔다. 젖혀뛰기란 도움닫기를 한 후 공중에서 허리를 뒤로 젖혔다가 두 팔로 앞을 긁듯이 떨어지는 스타일이다. 그런데 1984년 LA올림픽 때 미국의 칼 루이스는 허공에서 다리를 휘젓는 '히치킥'(hitch-kick)을 선보이며 신기록을 쏟아냈다. 공중에서 3~5걸음 정도를 내딛어 도약 에너지를 지속시켜서 기록을 일반적인 방법보다 약 20cm 향상시켰다. 그 이후 수많은 멀리뛰기 선수가 이 방법을 사용하고 있다.

한국 선수가 개발해서 전 세계에 전수한 기술도 있다. 1998년 나가노 동계올림픽 여자 쇼트트랙 1,000m 결승에서 전이경 선수가 결승선을 앞두고 오른발을 쭉 내밀어 대역전극을 일궈낸 '날 들이밀기' 기술이다. 가슴이 먼저 골인 지점을 통과해야 하는 육상과 달리, 쇼트트랙은 스케이트 날이 우선이라는 점을 이용한 기술로서 현재는 대다수의 쇼트트랙 선수가 사용하는 기술이다.

이처럼 기술은 우리가 가진 한계를 극복하도록 돕고 긍정적 결과물을 생산하는 데 중요한 역할을 한다. 그런데 사람들에게 무언가를 잘 할 수 있는 방법을 물어보면 대부분 '열심히'와 '부지런히'라는 대답을 하는 경우가 많다. 이 둘은 성공의 중요한 요소지만 방법은 아니다. 열심히는 '어떤 일에 온 정성을 다하여 골똘하게'라는 의미를 가지고 있고 부지런히는 '어떤 일을 꾸물거리거나 미루지 않고 꾸준하게 열심히 하는 태도'라는 의미를 가진 부사. 부사는 독립적으로 사용되는 것이 아니라 다른 용언을 꾸며준다. 즉 '열심히 공부하다, 부지런히 일하다'처럼 어떤 행위를 잘 할 수 있도록 도와주는 것이다. 그런데 사람들은 구체적인 행위의 방법보다는 열심히 또는 부지런히라는 단순한 수식어만으로 긍정적인 결과를 기대한다. 성공한 사람들이나 시험에서 우수한 성적을 거둔 사람들의 인터뷰를 보면 부지런히 일하고 열심히 공부했다고 한다. 우리는 이제 그들이 어떻게 열심히 공부했고 어떻게 부지런히 일했는지를 궁금해 해야 한다. 즉 구체적인 방법을 파악해서 그 방법에 따라 열심히 부지런히 해야만 긍정적인 결과를 얻을 수 있는 것이다.

독서를 꾸준히 하다 보면 누구나 자연스럽게 독서의 유익함을 경험할 수 있다. 하지만 사람에 따라 그것을 경험하는 시점이 다르다. 누군가는 100권일 수도 있고 누군가는 1,000권일 수도 있고 심지어는 그 이상이 될 수도 있다. 우리는 똑같은 조건에서 기술의 차이가 결과의 차이로 이어진다는 것을 여러 가지 사례를 통해서 알 수 있었다. 결국 똑같은 양의 책을 읽더라도 기술의 정도에 따라 독서의 유익함을 경험하는 시기나 정도가 달라질 수 있는 것이다. 이런 사실에도 불구하고 여러분은 특전사 요원처럼 '안 되면 될 때까지'라는 구호를 외치면서 독서를 하고 있지는 않은가?

시중에는 여러분들을 도와줄 수많은 독서 기술이 있다. 독서가들은 나름의 이론과 사례를 근거로 자신이 주장하는 기술의 탁월함을 강조한다. 그들이 이야기한 기술들은 모두 옳은 방법이다. 하지만 나에게 맞는 기술을 찾기란 쉬운 일이 아니다. 특히 두서없이 늘어놓은 독서 기술과 개인의 경험에서 나온 체계적이지 못한 방법들은 도리어 혼란을 초래하기도 한다. 막연하게 "이런 방법으로 하면 된다, 무조건 믿고 따라해봐라, 누구나 할 수 있는 방법이다"라는 이야기를 믿고 당신의 소중한 시간과 노력을 투자할 것인가? 독서 기술을 선택하기 위해서는 여러 가지 독서 기술을 살피며 그 기술이 어떻게 나왔는지, 어떤 유익함이 있는지, 자신이 실천하기 위해서는 어떤 단계로 적용하면 좋을지에 대한 고민을 해야 한다. 또한 화려한 기술보다는 가장 기본이 되는 기술에 먼저 집중할 필요가 있다.

우리가 앞으로 이야기할 독서 기술은 '책 선택의 기술, 읽기 기술, 사고 기술, 표현 기술' 네 가지다. 이 기술들은 독서의 원리를 구현하기 위한 방법들이다. 그리고 자신에게 맞는 책을 선택하고, 책을 읽으며 내용을 파악하고, 파악한 내용을 사고하고, 인지하고 사고한 결과를 표현하는 일련의 과정을 잘 할 수 있도록 하는, 가장 기초적인 독서 기술이다. 물론 화려하거나 특별하지는 않다. 하지만 이 기본적인 네 가지의 기술은 책과의 소통을 돕고 당신의 성장을 가속할 것이다.

1. 책 선택의 기술

누구나 중국집에서 음식을 시킬 때 볶음밥, 짜장면, 짬뽕같이 여러 음식 사이에서 고민한 경험이 있을 것이다. 우리는 이런 사소한 것에서부터 시험의 답, 학교, 직장, 배우자까지 수많은 크고 작은 선택을 하며 살아간다. 그리고 이러한 선택들이 모여서 우리 삶의 구체적인 모습이 만들어진다. 선택의 연속인 삶에서 올바른 선택을 하기 위해서는 명확한 기준이 필요하다. 만약 기준 없이 선택을 하거나 교육이나 문화에 의해 만들어진 관습적 사고를 기준으로 선택을 하면 다른 사람과 별반 다를 게 없는 삶을 살아갈 수밖에 없다. 즉 자신만의 기준이 없는 사람들은 다른 사람들이 좋다고 하거나 유행을 기준으로 선택을 하게 된다. 진정 자신의 삶을 살고 싶다면 먼저 자신만의 기준을 만들어야 한다. 그 기준은 나의 수준, 목적, 꿈, 취향 등 여러 가지 요소에 의해서 만들어진다.

"선생님 쉬우면서도 효과적인 독서 기술 하나만 알려 주세요."
"책을 선택할 때 어떤 기준으로 선택하나요?"
"필요하거나 궁금한 내용을 찾아서 읽기도 하지만 주로 베스트셀러나 사람들이 좋다는 입소문 때문에 책을 선택하는 경우가 많습니다."
"책을 선택할 때 구체적인 자신의 기준을 가지고 선택하세요. 그러면 더욱 효과적인 독서를 할 수 있습니다."

책을 선택하는 기술은 아주 간단하면서도 중요한 기술로서 모르면 독서에 실패하는 주된 원인이 된다. 앞에서 언급했듯이 책을 선택을 할 때는 명확한 기준이 필요하지만 대부분은 베스트셀러나 인문 고전 같은 일반적인 기준으로 책을 선택한다. 이럴 경우 자신의 수준에 맞지 않은 책으로 간만에 가진 독서 기회가 무산되거나 목적에 맞지 않는 책으로 독서 의지가 저하되는 문제가 발생할 수 있다. 물론 자신의 책 선택 기준이 베스트셀러와 인문 고전이라고 할 수도 있다. 그렇다면 왜 베스트셀러와 인문 고전을 읽는지 스스로에게 물어보자. 단지 좋은 책을 선택하는 방법을 몰라서 또는 읽으면 좋을 것 같다는 막연한 관습적 사고로 선택했다면 다시 자신의 기준을 살펴볼 필요가 있다. 책 선택의 기준을 설정할 때는 더욱 근본적인 요소를 포함해서 구체적으로 진행하는 것이 중요하다. 여기서 근본적인 요소란 바로 자신의 독서 목적과 수준이다. 자신의 수준을 고려한 선택은 책을 제대로 이해하게 하고 목적에 맞는 선택은 집중력과 책의 유익함을 더할 수 있다.

자신에게 질문을 던져보자. 읽고 이해되는 책을 선택할 것인가? 읽어도 이해되지 않는 책을 선택할 것인가? 자신의 목적에 맞는 책을 선택할 것인가? 대중적 목적에 충실한 책을 선택할 것인가? 이런 물음에 대한 답을 책 선택의 기준으로 삼으면 책을 더욱 효과적으로 선택할 수 있다.

책 선택의 첫 번째 기준 : 독서 목적

목적에 대한 이해

독서의 목적을 이야기하기 전에 먼저 목적과 목표를 구분하자.

목적은 '실현하려고 하는 일이나 나아가는 방향', 목표는 '어떤 목적을 이루려고 지향하는 실제적 대상'을 의미한다. 즉 목적은 목표를 포함한 어떤 결과나 방향을 말하고 목표는 목적의 세분화된 대상을 말한다. 만약 부자를 삶의 목적으로 선정했다면 이를 달성하기 위해서 학교를 졸업하고 취직을 하고 목돈을 마련하고 기술을 배우거나 가게를 얻고 장사를 하겠다는 크고 작은 목표를 선정할 수 있다. 이런 목적과 목표는 일반적으로 동의어처럼 사용하지만 여기서는 구분해서 사용하기로 한다.

사람들이 등산을 하는 이유는 정상을 정복하기 위해서, 산이 거기에 있으니까, 건강이나 마음을 정리하기 위해서와 같이 아주 다양하다. 이런 저마다의 목적으로 등산을 하기도 하지만 등산이 유행하니까 또는 친구 따라 강남 가는 경우도 있다. 그렇다면 목적 없이 등산하는 경우와 자신만의 목적을 가지고 등산하는 경우는 어떻게 다를까? 목적이 불분명하면 산을 오르면서 '내가 왜 이런 고생을 사서 할까'라는 생각이 들어 중도에 하산을 하기도 한다. 반면 목적이 분명하면 흐르는 땀을 닦고 지친 몸과 마음을 다독이며 정상을 향해 나아간다. 그리고 목적을 달성했을 때 얻을 수 있는 희열 또는 건강 등을 기대하며 힘을 낼 수 있다. 결국 등산에 성공한 사람은 자신의 목적을 달성함으로써 얻을 수 있는 유익함을 기대하며 어려움을 극복하고 산에 오를 수 있었다. 하지만 목적이 없는 사람은 애써 산에 오를 이유가 없었기 때문에 중도에 포기한 것이다.

목적을 선정할 때는 높고 크게 선정해야 다양한 목표를 선정할 수 있다. 같은 종류의 벼룩 두 마리를 작은 상자와 큰 상장에 가둔 경우를 생각해 보자. 벼룩은 상자에서 생활하면서 자신이 뛸 수 있는 한계가 갇혀 있던 상자의 높이라고 생각한다. 시간이 지난 후 상자 밖으로 나온 벼룩이 뛸 수 있는 높이는 상자에 있을 때와 별 차이가 없다. 목적이 크면 수많은 목표를 세우고 도전할 수 있는 기회가 있는 반면 목적이 작으면 세울 수 있는 목표가 제한된다. 따라서 목적을 설정할 때는 자신의 한계를 고려하기보다는 자신이 생각할 수 있는 최대의 크기로 하는 것이 중요하다. 반면 목표는 자신의 보폭을 고려해서 구체적이고 단계적으로 선정해야 한다. 물론 수많은 목표가 모두 목적을 향하도록 하는 것도 중요하다.

독서 목적

사람들에게 목적을 가지고 책을 선택하라고 이야기하면 너무 목적 지향적이라고 불편해 하는 경우가 있다. 그런데 사람들과 이야기를 나눠 보면 자신은 인식하지 못하지만 저마다의 목적을 가지고 책을 선택하고 있었다. 재미를 위해서, 상식의 수준을 높이기 위해서, 누군가가 좋다고 해서, 여가 시간을 활용하기 위해서와 같이 다양한 이유로 책을 선택했다. 그런데 이런 목적들을 살펴보면 단편적이고 즉흥적인 경우가 많다. 이렇게 책을 선택하는 것이 나쁘다고 할 수는 없지만 대부분의 책을 이런 식으로 선택한다면 독서의 유익함을 경험하기 어렵다. 따라서 책을 선택하기 전에 먼저 자신의 독서 목적을 구체화하는 것이 중요하다.

독서의 궁극적 목적은 앞에서 언급했듯이 '변화'다. 그런데 어떤 변화를 어떻게 만들어 가야 할지 막막한 경우가 많다. 이런 경우 변화의 대상과 방법을 탐색하는 것이 세분화된 독서 목표가 된다. 또한 훈련의 도구가 책일 경우에는 훈련 자체가 독서 목표가 될 수도 있다. 나의 경우 제 2의 직업을 찾고 있을 때 독서 목표는 앞으로 공부하고 강의할 분야를 찾는 것이었다. 그런데 우연한 강의와 책을 통해서 생각보다 빨리 독서라는 주제를 찾았다.

다음 독서 목표는 독서를 효과적으로 하는 방법을 찾는 것이었다. 수많은 독서법 관련 책을 읽고 분석하고 원리를 탐구하면서 나름대로의 이론을 만들었다. 그 다음 독서 목표는 내가 만든 이론과 기술의 실천이었다. 이제는 독서에 대해 어느 정도 통찰력을 갖추게 되면서 독서와 융합할 대상과 방법 탐색을 독서 목표로 삼고 책을 선택하고 있다.

그렇다면 독서 목적에 따라 어떻게 책을 선택하면 될까?

먼저 변화의 대상을 파악하기 위해서는 특정 주제보다는 다양한 책을 읽는 것이 좋다. 다양한 분야의 다독은 자신이 무엇을 좋아하고 무엇에 관심이 있는지를 탐색하는 데 도움이 된다. 그래서 이를 탐색의 독서라고도 한다. 탐색의 독서 기간을 조금이나마 단축하기 위해서는 평소에 관심 있거나 잘 아는 분야의 책을 중심으로 읽으며 조금씩 분야를 확장해 나가면 된다. 그러다가 자신이 원하는 분야를 찾으면 편독을 시작한다. 편독은 자신이 선택한 분야가 정말 생각했던 것과 같은지를 검증하고 필요시 깊이 있는 독서를 통해서 전문 지식을 쌓아 변화를 만들어가는 독서다. 만약 검증 과정에서 아니라는 결론이 나오면 다시 다독으로 돌아가 탐색의 독서를 하면 된다. 편독으로 해당 분야의 변화를 얻기 위해서는 일반적으로 관련 서적을 최소 50권에서 100권 정도를 읽으면 된다. 이 정도의 책을 읽다 보면 한 분야에 대한 통찰력이 생기고 그것을 바탕으로 자신이 원하는 분야의 변화를 끌어 낼 수 있다.

편독을 할 때 주의해야 할 점은 주제를 아주 좁게 선정해야 한다는 것이다. 다독을 통해 요리를 주제로 선정했다면 편독할 때는 일식, 중식, 한식, 양식 중 한 분야에 집중해서 어느 정도 결과가 나오면 다음 분야로 확장하는 것이 좋다. 변화를 만들기 위해서는 해당 분야에 대한 네트워크된 지식체계가 필요한데 관련 정보가 방대하면 정보들 간의 네트워크 형성에 많은 시간이 걸린다. 따라서 좁은 영역의 정보들을 네트워크화한 후 관련 정보를 더하면서 지식체계를 확장하는 것이 효과적이다.

이런 지식체계를 만드는 방법은 두 가지다. 하나는 책에서 얻은 정보를 다양한 형태로 연결하고 구성하는 방법이다. 『독서 혁명』에 나오는 도서 요약과 같이 책 내용을 정리할 때 목차의 순서가 아닌 정보의 관계성 또는 자신이 잘 기억할 수 있는 형태로 정보를 연결하고 구성하는 과정을 통해서 정보를 네트워크화 할 수 있다.

다른 하나는 한 분야의 책을 편독하는 방법이다. 처음 경제학 책을 읽을 때는 용어들 때문에 책을 제대로 이해하기 어렵다. 하지만 10권을 넘어가면 같은 이야기가 다양한 각도에서 반복된다는 사실을 알 수 있다. 전문가들이 같은 이야기를 다양한 각도에서 재구성한 경우가 많기 때문이다. 그래서 같은 분야의 책을 많이 읽다 보면 저절로 정보적 네트워크가 갖춰지기도 한다. 물론 첫 번째 방법과 두 번째 방법을 병행하는 것이 가장 효과적이다. 나는 독서 관련 책을 50권 정도 읽으면서 매번 도서 요약으로 책의 정보를 재구성했다. 그리고 어느 정도 독서에 대한 네트워크가 형성된 후에는 인문 고전이나 글쓰기, 사고 기술과 관련된 책을 읽으면서 네트워크를 강화하고 확장했다.

그런데 다독은 좋은 것이고 편독은 나쁘다고 생각하는 사람이 많다. 이 둘은 앞에서 이야기했듯이 목적에 따라 사용될 뿐이다. 그런데도 정보와 사고의 편협성을 거론하며 편독을 부정적으로 이야기한다. 분명 편독은 정보의 편협성이 있을 수 있다. 하지만 이것은 편독을 제대로 이해하지 못한 경우다. 편독의 독서 형태는 깊고 넓게 하는 것이다. 즉 일정한 정보의 깊이를 갖춘 후 넓혀 가는 것이 바로 올바른 편독이다. 물론 이어령 교수 같은 분들은 통합적 인재 양성을 주장하며 다독을 강조한다.

그렇다면 넓고 깊게 읽는 다독과 깊고 넓게 읽는 편독 중 어느 쪽이 통찰력에 필요한 네크워크화된 지식체계를 갖추는 데 효과적일까? 메마른 저수지에서 물을 얻기 위해 제대로 된 하나의 우물을 판 후 넓혀 가는 방법과 한꺼번에 저수지 전체를 파는 방법을 비교해 보자. 급한 사람은 우선 하나의 구멍을 깊이 판 후 물이 나오면 그 물을 마셔가며 점점 넓혀 가면서 더 많은 물을 확보할 것이다. 반면 여유로운 사람들은 넓은 저수지를 한꺼번에 파서 한꺼번에 많은 물을 얻으려 할 것이다.

즉 편독은 짧은 시간에 정보적 네트워크 형성에 필요한 정보를 집중적으로 획득함으로써 단기간 내에 전문가를 양성할 수 있다. 반면 다독은 다양한 정보를 통해서 여러 분야의 통찰력을 형성할 순 있지만 편독에 비해 많은 시간과 경비가 소요된다. 물론 다독을 통해서 갖춰진 통찰력은 편독으로 갖춰진 통찰력보다 더욱 다양한 결과물을 생산할 수 있다는 장점이 있다. 하지만 자신이 가진 시간과 비용에 제한이 있다면 다독보다는 편독이 효과적이다. 나는 편독을 사용해서 독서 방법론으로 만들어진 통찰력을 바탕으로 사고 기술, 인문 고전, 창의력 계발, 대뇌생리학, 미래학 분야로 확장하고 있다.

구분	다독	편독
목표	탐색	변화
독서 형태	넓고 깊게	깊고 넓게
시간/경비 소요	▲	▼
장점	통합적 인재 양성	단기간 내 전문가 양성
단점	기약 없는 시간/경비의 소요	정보의 편협성

다독과 편독

책 선택의 두 번째 기준 : 독서 수준

사람들이 자신의 독서 수준을 가늠할 때 본인의 역량을 고려해서 판단하기보다는 사회적으로 통용되는 일반적인 독서 수준을 그대로 적용하는 경우가 많다. 즉 책과의 친밀성과 개인의 인지력이 아니라 나이나 사회적 지위로 독서 수준을 판단하는 것이다. 이런 이유로 많은 학부모가 자녀들이 해당 나이의 권장 도서를 어려워하는 것을 보고 크게 걱정한다. 부모들에게 권장 도서 목록을 봤냐고 물어보면 생각보다 어려운 책이 많다고 이야기한다. 부모 수준에서 어렵다고 생각하는 책을 아이가 어려워하는 것은 어쩌면 당연한 일이다. 그런데 학교에서는 그런 책을 읽고 누군가는 독후감을 써 내고 누군가는 독서 마라톤 게시판에 읽었다며 표시를 한다. 이런 모습을 보며 '요즘 아이들은 대부분 이 정도의 책들은 읽을 수 있구나'라는 생각을 하며 자녀들을 독려한다.

독서 수준은 같은 나이일지라도 개인의 성향과 능력 등 다양한 요소에 따라 다를 수 있다. 특히 독서 능력은 절대 나이에 비례해서 저절로 발달하지 않는다. 앞에서도 언급했지만 나이가 들면서 과거에 어려웠던 책이 쉬워지는 것은 책 내용을 해석할 수 있는 배경 지식의 수준이 높아졌기 때문이지 독서 능력의 향상이라고는 볼 수 없다. 따라서 학년이나 나이에 맞춘 권장 도서를 독서 수준의 기본 잣대로 활용하는 것은 지양해야 한다.

독서 수준은 독서 발달 단계 중 친밀성 단계와 인지 단계를 통해서 판단할 수 있다. 친한 사이에는 깊이 있는 이런저런 이야기를 할 수 있겠지만 친하지 않으면 가벼운 이야기밖에 할 수 없다. 그런데 책과 친하지 않은 사람들이 인문 고전이나 두꺼운 베스트셀러와 깊이 있는 소통을 하려고 한다. 인내심이 강한 소수의 사람들은 그것이 가능하지만 대다수의 사람은 라면 받침이나 베개로 사용할 가능성이 더 높다. 사람이든 책이든 깊이 있는 소통을 하기 위해서는 먼저 친분을 쌓아 함께 있는 시간이 불편하지 않아야 한다.

따라서 친밀성 단계를 활용해서 책과의 친밀성 정도를 파악한 후 자신의 수준에 맞는 책을 선택해야 한다. 이때 나이를 떠나 만화책, 동화책, 유머책, 그림책, 소설책 등 자신이 좋아하는 형태의 책과 좋아하는 내용을 선택하면 된다. 이 단계에서 독서의 목적은 책과의 친밀성을 높이는 것이기 때문에 내용의 가치보다는 자신이 재미있고 즐겁게 읽을 수 있는 책을 선택하는 것이 중요하다.

책과의 친밀도가 어느 정도 형성되었다면 인지 단계를 고려해서 책을 선택한다. 독서는 1차적으로 책이라는 수단을 통해서 정보를 얻어야 한다. 그리고 그 정보를 사고하고 실천하면서 독서의 유익함을 얻을 수 있다. 그런데 책의 내용을 제대로 파악하지 못한다면 어떨까? 사람들은 어려운 인문 고전을 읽고 유행하는 베스트셀러를 즐겨 읽는다. 어려운 책을 읽으며 그 뜻을 파악하기 위한 노력은 독서 능력과 사고 능력을 증진한다.

그러나 이런 과정은 많은 인내와 시간을 요구하기 때문에 극소수만이 성공하고 나머지 사람들은 중도에 포기하거나 완독에 만족하는 경우가 많다. 그래서 나는 사람들에게 책 내용의 70~80%가 이해되는 책을 권한다. 즉 책을 읽고 10개의 장 또는 10개의 단락 중 7~8개의 내용을 한 줄로 요약할 수 있으면 70~80%의 인지력을 가졌다고 할 수 있다. 책을 읽다가 자신이 읽고 있는 내용이 제대로 파악되지 않는다고 생각되면 책을 덮거나 같은 제목의 조금 더 쉬운 책을 선택하는 것이 좋다.

나는 인문 고전 강의를 하면서도 사람들에게 인문 고전을 잘 권하지 않는다. 인문 고전을 읽으려는 대부분의 사람이 자신의 수준은 고려하지 않고 유익하다는 이유만으로 선택하기 때문이다. 분명 인문 고전이 가진 유익함은 오랜 역사가 증명하고 있다. 하지만 그런 인문 고전이라도 내용을 파악하지 못한다면 종잇조각에 불과하다. 더욱이 간만에 다짐하고 만든 독서 기회조차 잃어버리게 된다. 그래서 나는 재미없는 인문 고전보다는 쉽고 재미있고 유익한 책을 권한다. 굳이 인문 고전을 읽겠다면 만화 고전으로 시작하는 것이 좋다. 세상에는 유익한 인문 고전이 정말 많다. 하지만 우리가 그 모든 인문 고전을 읽기에는 현실적인 어려움이 있다. 따라서 만화 고전을 통해 다양한 고전을 접하면서 마음에 드는 책을 찾으면 원서로 깊이 있게 읽어보는 것이 좋다.

여러 가지 독서기술 중 어느 것이 더 중요하냐고 물어보면 나는 망설임 없이 책 선택의 기술이라고 말한다. 책 선택에 실패하면 독서 방법을 적용할 기회조차 없기 때문이다. 따라서 당신이 자신의 목적과 수준에 맞는 책을 선택할 수 있다면 독서의 반은 성공했다고 할 수 있다.

2. 읽기 기술

정보의 인지를 목적으로 읽는다

독서는 '글을 보고 그 음대로 소리 내어 말로써 나타내거나 글을 보고 거기에 담긴 뜻을 헤아려 안다'는 의미를 가지고 있다. 글을 소리 내어 읽는 이유는 글자를 익히기 위해서 또는 내용이 어려워 시각과 청각으로 동시에 정보를 인지하기 위해서 사용한다. 즉 어려운 내용을 소리 내어 읽음으로써 이해율을 높이는 것이다. 또한 글을 보고 거기에 담긴 뜻을 헤아리는 이유는 저자가 전하려는 생각을 글에 담아서 표현하기 때문이다. 결국 읽다의 의미를 잘 살펴보면 단순하게 글자를 익히기보다는 정보의 인지가 더 중요하다는 사실을 쉽게 알 수 있다. 이 같은 읽기 능력은 단순히 글에만 국한되지는 않는다. 명탐정 셜록 홈즈에서 볼 수 있듯이 우리는 사람의 행동과 말, 옷차림, 주변 환경 등을 읽으며 여러 가지 정보를 인지할 수 있다. 이렇게 유용한 읽기 능력이 사회의 발달과 무관심으로 점점 쇠퇴하고 있다.

글은 다양한 정보를 얻을 수 있는 중요한 수단이었다. 그러나 미디어 기술의 발달로 굳이 글을 읽지 않아도 시각과 청각을 통해 필요한 정보를 쉽게 인지할 수 있는 환경이 되고 있다. 특히 스마트폰과 소셜네트워크는 우리가 일상적으로 사용하는 글까지 아주 짧고 직설적으로 만들어 버렸다. 호흡이 긴 글을 읽고 쓸 기회가 줄어들면서 긴 글을 읽는 것이 불편해진 것이다.

이렇게 읽기 능력이 떨어지면서 학생들의 학업에도 문제가 발생하고 있다. 국어나 영어 시험은 대부분 긴 지문을 읽고 맞거나 틀린 내용을 고르는 문제가 많다. 그런데 지문을 읽어도 내용을 파악하지 못하니 문제를 풀 수 없게 된 것이다. 또한 수학과 기타 과목들에서도 문제가 요구하는 핵심을 제대로 파악하지 못하는 경우가 발생하고 있다. 초등학교 선생님이나 학부모들과 이야기하다 보면 학생들이 문제에서 요구하는 것이 무엇인지 모르겠다고 말해서 옆에서 읽어주면 그때서야 문제를 이해하는 경우가 있다고 한다. 이는 청각에 비해서 시각의 정보 인지 능력이 부족하기 때문이다.

일반인들도 긴 글에 익숙하지 않은 것은 마찬가지다. 그래서 내용이 적고 쉬운 책을 선호하는 경향이 늘어나고 있다. 그리고 어려운 책을 읽더라도 제대로 내용을 파악하기보다는 글자만을 읽는 독서를 하는 경우가 많은 것이 현실이다.

분명히 미디어가 발달하면서 우리는 쉽게 정보를 인지할 수 있게 되었다. 하지만 여전히 대부분의 정보는 글로 되어 있고 특히 평가체계는 글을 통해서 이루어지고 있다. 따라서 영화 〈매트릭스〉처럼 머리에 바로 정보를 입력하지 않는 이상 읽기를 통한 정보의 인지는 지속될 것이다.

핵심 정보, 구성, 메시지를 파악하며 읽는다

독서할 때 읽어야 하는 대상은 표면적으로는 문자지만 정작 우리가 읽어야 하는 것은 글에 담긴 정보다. 그리고 그 정보를 통해서 책의 구성과 저자의 메시지까지 읽을 수 있어야 한다. 이처럼 읽는 대상이 인지 대상과 같은 것은 읽기의 목적이 정보 인지이기 때문이다.

사람들은 독서를 하면서 중요한 내용에 줄을 긋거나 메모를 하고 베껴 쓰기를 한다. 이런 방법들은 책 내용을 인지하는 데 도움을 주기 때문에 일부 독서법 책에서는 형형색색 형광펜을 활용하는 방법이나 메모 방법 그리고 베껴 쓰기 방법을 소개하고 있다. 이런 방법들을 사용할 때는 시각적으로 화려하게 하기보다는 자신이 쉽고 편하게 책 내용을 파악할 수 있는 방법을 선택하면 된다. 그런데 안타까운 것은 이렇게 정보만 파악하고는 책을 덮어 버리는 경우다. 이는 백화점에서 수많은 명품 가방·옷·장난감 등 자신이 좋아하는 물건들을 보고 감탄한 후 그냥 집으로 가는 것과 같다. 아이쇼핑이 목적이라면 백화점을 다녀온 이유가 충분하지만 우리가 독서를 하는 것은 아이쇼핑을 위해서가 아니다. 우리는 저자와 소통하거나 자신에게 필요한 정보를 얻기 위해서 독서를 한다. 따라서 글자만을 읽기보다는 저자와의 소통에 필요한 핵심 정보를 찾거나 자신이 활용할 정보를 추출하는 작업이 필요하다.

이렇게 추출된 핵심 정보는 실천의 대상이 되기도 하지만 구성과 저자의 메시지를 파악하는 재료가 된다. 구성을 파악할 때는 책에서 추출한 핵심 정보들의 관계성을 따져서 서론 - 본론 - 결론 또는 발단 - 전개 - 위기 - 절정 - 결말과 같은 구성을 파악할 수 있다. 그리고 전체적인 이야기의 흐름을 바탕으로 저자의 메시지를 추론한다. 조금 더 쉽게 구성과 메시지를 찾고 싶다면 목차와 머리말에 실마리가 있다.

목차는 저자가 자신의 주장이나 이야기를 다른 사람들에게 잘 설명하기 위한 논리체계를 반영하고 있기 때문에 글의 구성 파악에 도움이 된다. 물론 목차 중에는 단순한 정보의 나열이나 독자의 호기심을 자극하기 위한 제목으로 채워진 경우도 있다. 머리말에는 저자가 책을 집필하게 된 동기는 물론 말하고자 하는 핵심 내용과 집필 목적을 담고 있는 경우가 많다. 그래서 우리는 이런 머리말을 통해서 저자의 생각을 엿볼 수 있다.

나에게 맞는 읽기 방법을 활용한다

세상에는 수많은 읽기 방법이 있지만 가장 보편적으로 사용하고 있는 음독과 묵독 그리고 시독에 대해서 알아보자.

음독(音讀)은 소리 내어 읽는 독서법으로서 글자를 배울 때 주로 사용한다. 음독은 시각과 더불어 청각을 사용해서 정보를 받아들이기 때문에 정보 인지력이 뛰어나다. 그래서 어려운 책이나 이해가 잘 안 되는 내용, 또는 시를 읽을 때 음독을 사용하는 경우가 많다. 이 밖에도 소리를 내어 읽으면 잡생각이 덜 나고 집중력을 유지할 수 있다는 장점이 있다. 그래서 학생들에게 소리 내어 교과서나 영어 문장을 읽어 보라고 권하지만 불편해 하는 이들이 많다. 이는 음독은 글을 잘 모르거나 어린 아이들이 글자를 배울 때 사용하는 수준 낮은 읽기라는 잘못된 생각과 글을 소리 내어 읽을 기회가 없다 보니 음독이 익숙하지 않기 때문이다. 만약 당신이 음독에 대한 오해를 버리고 적극적으로 활용할 수 있다면 학습적 측면이나 독서적 측면에서 많은 도움을 받을 수 있다.

묵독(黙讀)은 소리를 내지 않고 읽는 것으로 많은 사람이 주로 사용하는 방법이다. 다량의 글을 읽을 때 아주 유용하지만 속으로 읽다 보니 잡생각이 나거나 음독보다 인지 수준이 떨어진다. 이를 보완하기 위해서는 스틱이나 펜을 이용하면 좋다. 읽을 곳을 스틱이나 펜으로 일정한 속도로 그어 주면서 읽으면 읽는 속도와 집중력을 유지하는 데 효과적이다.

시독(視讀)은 포토리딩이나 속독법과 비슷하다. 우리는 어릴 때 글자를 배우면서 한 글자씩 읽는 버릇이 생겼다. 이때 생긴 버릇은 문장에서 중요하지 않은 조사나 서술어까지 정성들여 읽도록 만들었다. 글을 읽을 때 중요하지 않은 조사나 나열식 문장을 굳이 꼼꼼하게 읽지 않아도 된다. 즉 '어머니가 시장에서 고기도 사고 생선도 사고 과일도 사고 채소도 산다'는 문장을 한 글자 한 글자 읽지 않고 중요한 단어를 선별적으로 읽어도 이해할 수 있다. 하지만 이런 빠른 읽기는 인지력을 반감시킬 수 있고 문장의 의미를 오역할 가능성이 높다. 따라서 부정문 또는 조건문은 주의해서 읽어야 하며 내용에 대해서 어느 정도 사전 지식이 있는 글을 읽을 때 사용하는 것이 좋다.

그렇다면 책을 읽을 때 어떤 읽기를 하는 것이 가장 좋을까? 바로 상황에 맞는 읽기를 하는 것이 좋다. 평소에는 묵독을 하다가 어려운 내용이 나오면 음독을 한다. 그러다가 자신이 잘 아는 내용이나 반복적으로 나열되는 내용이 나오면 시독을 하면 된다. 결론적으로 읽기 방법의 선택 기준은 읽기의 목적인 정보 인지를 만족하는 방법을 선택하면 된다.

스키마로 읽기 속도를 높인다

우리는 익숙하거나 잘 아는 내용의 글은 빨리 읽고 쉽게 이해할 수 있지만 잘 모르는 내용의 글은 읽는 속도도 느리고 이해도 쉽지 않다. 왜 이런 차이가 생기는 것일까?

책을 읽게 되면 눈으로 감지된 글자 정보가 머리 뒤쪽에 위치한 후두엽으로 이동한다. 후두엽에서 받아들인 정보는 기존에 있던 지식을 바탕으로 비교 분석이 이루어진다. 그 결과 비교 분석할 사전 정보가 충분하면 새로운 정보를 쉽게 파악할 수 있지만 관련 정보가 없으면 새로운 정보를 파악하는 데 많은 시간이 소요된다. 즉 '사과'라는 흔한 단어는 쉽게 그 의미를 파악할 수 있지만 '망고스틴'이라는 흔하지 않은 단어는 그 의미를 파악하는 데 더 많은 시간이 소요되는 것과 같다.

책을 빨리 읽는 방법이라면 속독법을 떠올릴 수 있다. 속독법은 많은 양의 글을 빨리 읽을 수 있는 장점 때문에 잠시 유행하기도 했지만 소수의 사람들만을 만족시켰을 뿐 보편화되지는 못했다. 속독법은 읽는 속도에 비해 내용을 인지하지 못하는 문제가 발생했기 때문이다. 이런 속독법을 제대로 활용하기 위해서는 글자를 빨리 읽기 위한 훈련뿐만 아니라 두뇌의 후두엽과 전두엽의 정보처리 시스템을 가속하는 훈련도 함께 해야 한다. 이보다 간단하면서도 효과적인 방법으로 스키마를 이용하는 방법이 있다.

스키마는 원래 심리학, 철학에서 사용된 개념으로 대상에 대한 개요 혹은 전체적 도식을 의미하지만 '사전 지식'이라는 개념으로도 사용되고 있다. 우리는 생소한 내용의 책을 읽을 때보다 자신이 아는 분야의 책이나 사전 지식이 충분한 책을 더 빨리 읽을 수 있다. 책에서 받아들인 정보를 해석할 때 후두엽이 익숙한 정보들을 더 빨리 검색하기 때문이다. 그렇다면 스키마를 가지고 있지 않은 책을 읽을 때는 어떻게 할까?

책에는 본문 이외에도 책에 대한 정보를 알려주는 부분이 많다. 바로 저자 소개, 머리말, 에필로그, 목차, 표지 앞뒤에 나오는 광고성 문구들이다. 저자 소개를 통해 저자의 삶과 시대를 살펴보면 책이 나오게 된 동기나 배경을 짐작할 수 있다. 바로 자본주의에 대해 투쟁한 마르크스의 삶이『자본론』의 저술 배경이고 모순된 영국 사회에서 고결하게 살아간 토마스 모어의 삶이『유토피아』의 저술 배경이 된 것처럼 말이다. 머리말과 에필로그에는 저자가 전달하고자 하는 메시지와 책의 주요 내용이 간략하게 담겨 있고 목차에서는 책의 전체적인 흐름을 확인할 수 있다. 또 표지 앞뒤에 나오는 광고성 문구들은 짧으면서도 임팩트를 주는, 책의 핵심 단어나 문장을 사용한다. 따라서 독서를 하기 전에 이런 내용들을 통해 책에 대한 스키마를 얻게 되면 더욱 빠르면서도 효과적인 독서를 할 수 있다.

3. 사고 기술

사고로써 정보를 지식화하고 지식을 가치화한다

정보의 지식화와 지식의 가치화는 넓은 범위에서 보면 사고의 기능이지만 독서라는 좁은 범위에서 보면 사고의 목적이 될 수도 있다.

백화점에서 명품이나 자신이 좋아하는 상품을 보고 만지는 시간은 잠깐의 심리적 만족을 얻을 수는 있지만 지속적인 유익함을 기대하기는 어렵다. 반면 비용을 지불하고 구매해서 소유하거나 사용할 수 있다면 더욱 지속적인 유익함을 기대할 수 있다. 물론 마음 같아서는 원하는 물건을 모두 사고 싶지만 우리가 가진 시간과 비용의 한계를 고려하지 않을 수가 없다. 따라서 제한된 자원으로 효과적인 쇼핑을 하기 위해서는 상품이 필요한 이유를 명확히 하고 구매 후 활용 방법을 고려해야 한다. 이런 생각을 가지고 구매한 물건은 유용하게 사용할 수 있는 반면 아무런 생각 없이 구매한 물건들은 상자 그대로 쌓아 두거나 어디에 두었는지 몰라서 제대로 사용하지 못하게 된다.

독서도 이와 같다. 아이쇼핑 같은 독서로는 순간의 재미와 감동은 얻을 수 있지만 지속적인 유익함을 기대하기는 어렵다. 독서로 얻은 재미와 감동 그리고 내용들은 독서를 한 후 1시간이 지나면 50%가 사라져 버리고 한 달이 지나면 80% 이상이 사라져 버린다. 물론 책 내용을 모두 기억하기 위해서 노력할 수도 있지만 제한된 시간과 열정을 가진 보통 사람들에게는 쉬운 일이 아니다. 따라서 책 내용 중에서 자신의 목적에 맞거나 필요한 정보를 추출하고 기억하려는 노력, 즉 정보의 지식화가 필요하다. 처음에는 정보를 지식화하는 과정이 미숙하기 때문에 정보의 축적량이 적겠지만 숙달되면 짧은 시간에 많은 양의 정보를 축적할 수 있다. 그리고 이렇게 만들어진 지식은 살아가면서 만나는, 크고 작은 문제를 해결하는 데 필요한 중요한 재료가 된다.

'구슬이 서 말이라도 꿰어야 보배'라는 말에서도 알 수 있듯이 아무리 좋은 구슬도 그 구슬만으로는 가치를 인정받기는 쉽지 않다. 지식이 된 정보도 개별적 가치보다는 주제나 문제라는 줄로 필요한 정보를 엮을 때 더 큰 가치를 인정받을 수 있다. 즉 단답형 문제를 해결할 때보다 논술형이나 서술형 평가 그리고 작문, 보고서·계획서 작성으로 만들어진 정보의 구성이 더욱 큰 가치를 만드는 것이다. 이런 가치를 만드는 능력은 책을 읽고 사색하는 습관에서부터 시작된다.

자신의 목적에 맞게 사고한다

"선생님 교육을 듣고 독서에서 사색의 중요성을 알게 되었습니다. 그래서 한 권의 책을 다 읽고 조용한 카페에서 커피 한 잔을 시켜두고 사색에 빠져 봤습니다. 그런데 무엇에 대해서 사색을 해야 할지 혼란스럽더군요. 책에 대해서 생각해야 되는 것은 알지만 그 범위가 너무 크다 보니 엄두가 나지 않았습니다. 사색의 범위를 어떻게 설정하면 좋을까요?"

한 권의 책을 읽고 사색할 대상은 정말 많다. 개인적 소감과 느낌, 저자의 주장에 대한 자신의 생각, 전체적 구성과 저자의 메시지, 자신이 느낀 다양한 감정 등 어떤 것을 선택해도 사고력을 향상하는 데 도움이 된다. 하지만 가능하면 자신의 목적에 맞는 사고의 대상을 선택하면 사고력 계발뿐만 아니라 자신이 원하는 목적도 달성할 수 있다.

먼저 책의 내용을 제대로 파악하고 저자와 소통하고 싶다면 책의 핵심 정보와 글의 구성 그리고 저자의 메시지가 사고의 대상이 된다. 수많은 정보 중에서 핵심 정보들을 추출해서 관계에 따라 구성하며 저자가 그려놓은 그림을 맞춰가는 것이다. 우리는 이런 사고의 대상을 통해서 책을 제대로 이해하고 저자와 소통할 수 있다. 『리디아의 정원』의 구성과 메시지를 보자.

발단 : 아버지의 실직으로 인해 리디아는 외삼촌과의 동거를 시작한다.

전개 : 빵가게 일에 적응하며 건물 옥상을 정원으로 꾸민다.

절정 : 옥상에 꽃밭을 만들어 삼촌을 감동시킨다.

결말 : 아버지의 취직으로 삼촌과 아쉬운 이별을 하고 집으로 돌아와 행복하게 살아간다.

주장 : 저자는 행복은 마음먹기 나름이라고 주장하고 있다.

의도 : 저자는 리디아가 불리한 조건에서도 행복을 찾아가는 모습을 보여주고 있다.

목적 : 저자는 리디아의 긍정적 생각을 본받아 많은 사람이 희망을 잃지 않고 행복한 삶을 살아가길 바라고 있다.

『리디아의 정원』 구성과 메시지

감성을 풍요롭게 하고 싶다면 독서 후 일어나는 자신의 감정을 따라가면서 감정의 출발점과 흐름을 살피며 사색하면 된다.

어린 나이에 아버지의 실직으로 처음 보는 외삼촌과 함께 사는 것, 무뚝뚝한 외삼촌에 대한 두려움, 익숙하지 않은 집안 일과 빵가게 일 등은 어린 리디아에게 두려움과 공포로 다가올 수도 있었을 것이다. 그런데 리디아는 넘치는 긍정의 에너지로 불행할 것만 같았던 그녀의 삶을 행복하게 만들었다. 난 새로운 일을 시작하거나 낯선 사람과 함께 할 때면 불편하기도 하고 두렵기도 하다. 리디아는 자신이 겪어야 할 상황이 겁나지 않았을까? 나는 무엇이 불편하고 무엇이 두려운 것일까? 이런 감정을 이겨내기 위해서는 어떤 에너지가 필요한 걸까? 리디아처럼 긍정의 에너지가 있다면 가능할까? 생각을 긍정적으로 하면 무조건 긍적적인 에너지가 생기는 걸까?

이 같은 생각은 끝이 없을 수도 있다. 하지만 이런 사고과정 속에서 자신의 내면에서 움직이는 감정의 흐름에 조금 더 가까이 다가갈 수 있는 기회가 생긴다.

자신의 습관적 변화를 원한다면 책에서 모방할 내용을 파악한 후 자신에게 어떻게 적용할 지에 대해서 궁리하면 된다.

리디아가 보여주는 긍정의 힘, 어떻게 따라할 수 있을까? 막연하게 '나도 오늘부터 리디아처럼 긍정적으로 살아야지' 하면 긍정적으로 살 수 있을까? 긍정은 어떤 일이나 상황을 대하는 생각의 태도인 것 같다. 따라서 이런 생각의 태도를 변화시키기 위해서 나는 매일 아침 일어나면 오늘도 좋은 일만 일어날 것이라고 자기 암시를 해야겠다. 그리고 하루를 마무리할 때는 오늘 일어난 일들은 모두 내가 배우고 익혀야 하는 좋은 경험이었다고 생각하며 하루를 마무리하겠다. 금방 긍정적인 생각을 가지기는 어렵겠지만 이런 생각이 쌓이면 리디아 같이 긍정적인 생각으로 삶을 살아갈 수 있을 것 같다.

다시 말하지만 고정된 사고의 대상은 없다. 여기서 보여주는 것은 하나의 예시일 뿐이다.

연결과 구성을 통해 사고한다

사고는 목적이나 주제에 따라 정보를 연결하고 구성하면서 이루어진다. 따라서 독서할 때의 사고도 독서 목적이나 주제의 관계성을 고려해서 필요한 정보를 연결하고 구성하는 과정으로 진행된다.

『스티브 잡스』를 읽고 그의 삶을 통해서 교훈을 얻고 싶다면 먼저 그의 삶을 이해할 수 있는 정보를 찾아야 한다. 책을 읽다 보면 삶의 전환점이나 계기가 된 이야기를 중심으로 정보를 찾는다. 이 과정이 바로 주제와 관련 있는 정보를 연결하는 과정이다. 이렇게 선정된 정보들 중 핵심이 되는 정보들을 다시 추출한다. 추출된 정보들을 기억이나 이해가 쉽도록 구성하는 과정을 통해서 우리는 스티브 잡스의 삶을 더 잘 이해할 수 있다.

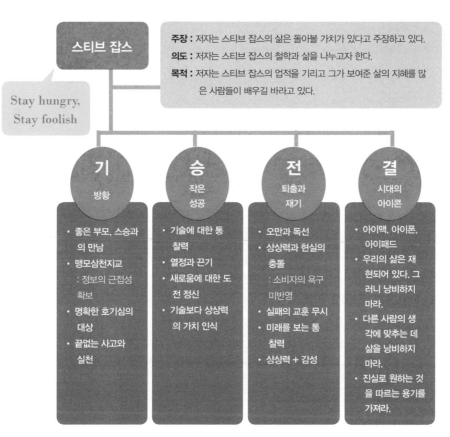

『스티브 잡스』 한 페이지 요약

교훈을 얻고 싶다면 스티브 잡스의 삶과 자신의 삶을 연결해 비교하면서 모방할 습관이나 목표 또는 방법 등을 자신의 상황에 맞게 연결하고 구성하면 된다.

『스티브 잡스』를 읽고

창조와 혁신이라는 단어를 보면 스티브 잡스가 떠오른다. 이제는 터틀넥에 청바지를 입은 잡스를 볼 수 없지만 다행히도 우리는 책을 통해서 그를 만날 수 있다. 그의 삶은 창조와 혁신의 연속이었다. 그렇다고 그의 삶 전부가 긍정적으로 보이지는 않는다. 하지만 그의 창조적이고 혁신적인 결과물 그리고 그 결과물이 만들어낸 가치, 나아가 자만에 빠지지 않고 끝없이 나아가려는 열정은 정말 배우고 싶다. 책을 읽고 단순한 공감이나 감동으로 끝내기보다는 그의 삶에서 배운 교훈을 나의 삶으로 이어나가고 싶다. 그래서 나는 일기에 어제와 달라진 내 모습을 기록하려 한다. 매일 똑같은 내가 아니라 매일 조금씩 달라지는 나를 만들어가기 위한 작은 실천이다. 이런 실천이 모여 내 삶의 혁신을 만들어가고 나아가 또 다른 내가 창조될 것이라고 생각하기 때문이다.

이 같은 연결과 구성은 책뿐만 아니라 드라마, 영화 등 자신이 좋아하는 어떤 미디어에서도 가능하다. 다음은 2014년에 나온 〈엑스맨(Days of Future Past)〉의 내용을 연결하고 구성한 내용이다. 단순하게 영화만 본 것보다 이렇게 구성하고 연결하는 과정을 거치면 영화를 이해하고 기억하는 데 많은 도움이 된다.

발단 : 센터널들이 돌연변이뿐만 아니라 인간까지 제거함으로써 미래는 절망밖에 남지 않게 되었다.

전개 : 과거 센터널 프로그램을 막기 위해서 울버린을 과거로 보내고 같이 할 동료들을 모은다.

위기 : 미스틱의 암살은 막았지만 매그니토가 미스틱을 죽이는 모습이 TV를 통해 공개되면서 센터널 프로그램이 가동된다.

절정 : 센터널이 공개되는 날 매그니토는 센터널을 이용해 미국 대통령을 포함한 고위 간부들을 전 세계에 TV 중계가 진행되는 가운데 살해하려 한다.

결말 : 미스틱의 심경 변화로 매그니토를 막고 사람들을 구한다. 돌연변이가 적이 아니라 변화의 기회라는 사실을 받아들이며 센터널 프로그램을 중단한다. 이로써 미래에는 평화가 찾아온다.

질문으로 사고를 가속한다

사고를 움직이고 계발하는 방법은 많지만 간단하면서도 효과적인 방법은 질문이다. 우리는 질문을 받으면 답을 하기 위해서 기존의 지식 중에서 질문과 관련된 정보를 연결하고 구성한다. 자신이 의도하지 않아도 조건 반사적으로 질문에 대한 답을 찾는 것이다. 여기에 여러 가지 동기를 부여하게 되면 사고를 더욱 적극적으로 할 수 있게 된다.

따라서 막연하게 책을 읽기보다 다음과 같은 질문을 던지며 독서를 하면 더욱 많은 사고를 할 수 있다.

구 분	질문 내용
독서 전	• 책의 주요 내용은 무엇인가? • 책이 전달하는 메시지는 무엇인가? ※ 스키마(선지식)를 바탕으로 추측
독서 중	• 책의 핵심 정보는 무엇인가? • 핵심 정보 간의 관계는 무엇인가? • 만약 내가 저자 또는 주인공이라면 어떻게 했을까?
독서 후	• 책이 전달하는 메시지는 무엇인가? (독서 전과 비교) • 책을 통해서 내가 얻은 유익은 무엇인가? (느낌, 지식)

학부모들은 자신의 아이가 책은 좋아하지만 생각을 잘 못한다고 걱정한다. 이런 경우 아이에게 무조건 생각을 강요하기보다는 사고를 가속할 수 있도록 질문을 활용하면 효과적이다. 그렇다고 아이에게 너무 강하게 답을 요구하면 아이는 평가받는다는 생각에 독서 자체를 부담스럽게 느낄 수 있다. 따라서 질문을 대화 속에 녹여서 서로 이야기를 주고받듯이 해야 한다. 아이들의 성향에 따라 처음부터 대화가 매끄럽게 이어지기도 하지만 아이가 부모의 이야기를 들을 뿐 질문에 답은 제대로 하지 못하는 경우도 많다. 이는 말하는 것이 익숙하지 않거나 어떻게 말해야 할지 몰라서 대답을 못하는 것이다. 이럴 때는 무작정 아이의 대답을 기다리거나 재촉하기보다는 질문에 대한 부모의 생각을 먼저 말해주면 아이는 부모의 답을 모방하면서 좀 더 쉽게 이야기를 이어갈 수 있다. 아이와 『리디아의 정원』을 읽고 리디아처럼 낯선 경험이나 그 경험에서 느꼈던 감정에 대해서 이야기를 나누어 보자. 만약 아이가 대답을 잘하지 못하면 먼저 부모가 전학을 갔을 때 새 학교에서 만난 낯선 아이들과 선생님을 대하면서 느꼈던 감정들을 들려주자. 그러면 아이들은 부모의 이야기 형태를 모방해서 자신의 이야기를 풀어내기도 한다.

질문에는 사실적 질문, 사고적 질문, 추론적 질문 이렇게 세 가지 형태가 있다. 사실적 질문은 단편적인 사실을 묻는 질문으로 책 내용을 파악하고 있는지를 확인할 수 있다. 사고적 질문은 이야기의 인과성을 묻는 질문으로 이야기의 전체적인 흐름을 파악하고 있는지를 확인할 수 있다. 그리고 추론적 질문은 책에는 없는 책 밖의 내용을 묻는 질문으로 사고의 다양성을 유도할 수 있다. 그런데 대부분의 부모가 질문하기 용이한 사실적 질문을 주로 활용하는데 세 가지 질문을 적절히 섞어서 활용하는 것이 효과적이다

다음은 『리디아의 정원』을 읽고 할 수 있는 질문의 예다.

구 분	질문 내용
사실적 질문	• 리디아의 취미는 무엇인가요? • 리디아가 외삼촌을 감동시킨 선물은 무엇일까요?
사고적 질문	• 첫 장에서 아빠와 엄마가 심각했던 이유는 무엇일까요? • 리디아가 외삼촌과의 만남을 기대하고 있는 이유는 무엇일까요? • 외삼촌이 리디아를 보내면서 아쉬워 한 이유는 무엇일까요?
추론적 질문	• 옥상 정원은 어떻게 되었을까요? • 외삼촌의 빵가게는 어떻게 되었을까요? • 리디아는 미래에 어떤 모습으로 살아갈까요?

이런저런 방법이 다 복잡하다면 'Why, What, How'만 기억하자. 아이가 "재미있었다, 주인공을 본받고 싶다"고 이야기하면 "왜", "무엇을", "어떻게"라는 질문을 적절하게 던져보자. 이런 작은 질문들이 아이를 더욱 깊이 있는 사고의 세계로 이끌 것이다.

4. 표현 기술

표현으로 인지하고 사고한 정보를 구체화할 수 있다

우리는 교육과 독서 그리고 각종 미디어의 발달로 많은 것을 알게 되었다. 그런데 정말 우리가 많은 것을 알고 있을까? '안다'의 의미는 '사물이나 상황에 대한 정보나 지식을 갖추는 것 또는 어떠한 사실을 마음속으로 느끼거나 깨닫는 것'이다. 이런 앎은 우리 머릿속에서 대개 추상적으로 존재하기 때문에 막상 사용하려고 하면 정보들이 뒤죽박죽되면서 혼란을 겪는 경우가 많다. 분명 머릿속에는 우리에게 필요한 정보가 존재한다. 하지만 그것이 어떤 형태로든 표현되지 않으면 다른 이들은 우리가 그 정보를 알고 있다는 사실을 인정하지 않을 뿐만 아니라 우리 스스로도 '내가 정말 알고 있는 것일까'라는 의문을 가질 수밖에 없다. 따라서 안다는 것을 머릿속에 있는 정보의 존재만으로 정의하기보다는 자신이 표현할 수 있는 정보만을 안다고 정의할 필요가 있다. 즉 우리가 아는 정보를 말과 글, 행동, 그림, 음악 등 어떤 표현 방식으로든 표현을 할 수 있을 때 진정 안다고 말할 수 있는 것이다.

우리는 책을 읽으면서 다양한 정보를 인지하고 많은 생각을 한다. 그리고 표현이라는 과정을 통해서 우리는 인지한 정보와 사고의 결과를 구체적으로 만날 수 있다. 이와 같은 표현의 가치는 독서뿐만 아니라 정보를 지식화하는 모든 분야에 적용된다. 하지만 어린 학생은 물론 어른조차도 표현은 쉽지 않다. 어렵다기보다는 입시 위주의 교육 문화와 표현에 대한 교육의 부재 그리고 표현의 기회 부족으로 인해서 익숙하지 않기 때문이다. 그나마 독서와 창의적 교육이 강조되면서 공교육과정에 글쓰기와 토론 관련 수업이 늘어나고 있는 점은 고무적이다. 하지만 지속성과 체계적인 방법론에 대해서는 넘어야 할 산이 많은 것도 사실이다.

표현은 분명 힘들고 귀찮다. 하지만 이를 극복하고 적극적으로 표현의 가치를 활용하는 이들이 늘어나고 있다. 특히 공신들은 대부분이 표현에 남다른 애착을 가지고 자신만의 표현방식을 학습에 적극적으로 활용하고 있다. 표현을 통해 자신이 무엇을 알고 무엇을 모르는지를 파악할 수 있을 뿐만 아니라 학습적 효과도 크기 때문이다. 또한 소크라테스의 "너 자신을 알라"라는 말처럼 자신을 파악하는 데도 표현은 아주 효과적인 도구다.

이런 표현의 가치를 대신할 수 있는 것이 또 무엇이 있을까? 만약 당신이 표현을 적극적으로 실천할 수 있다면 자신의 주제를 파악하는 데 도움이 될 뿐만 아니라 자신의 가치를 향상시키는 데도 큰 도움이 될 것이다.

인지된 정보와 사고한 결과를 표현한다

아이들에게 일기나 독후감을 권하면 쓸 내용이 없다고 투덜대는 경우가 많다. 매일 반복되는 일상, 기억나지 않는 책 내용들 속에서 무엇을 써야 할지 막막한 것이다. 이는 어린 학생들만의 문제가 아니다. 성인들 수업에서도 표현을 권하면 무얼 말하고 써야 할지 모르겠다며 내 얼굴만 쳐다보는 경우도 많다. 사람들은 가만히 있어도 표현이 저절로 나온다고 생각하는데 표현은 아주 능동적이고 귀찮고 정신적·육체적으로 에너지가 많이 소모되는 작업이다.

이렇게 피곤한 표현을 하기 위해서는 구체적인 동기가 필요하다. 막연하게 좋을 것 같으니까 또는 누가 시켜서 어쩔 수 없이 하는 표현은 지속되기 어렵다. 따라서 표현을 하는 자신만의 이유를 찾아야 하는데 독서 발달 단계에서 언급한 표현의 기능을 참고하면 도움이 될 것이다. 자기표현 능력을 향상시키기 위해서, 정보와 사고의 구체화를 위해서, 의사소통을 원활히 하기 위해서, 가치 있는 결과물을 생산하기 위해서 등 이외에 어떤 목적이라도 괜찮다.

표현의 대상은 자신이 인지한 정보와 사고한 결과지만 목적에 따라 그 대상이 조금씩 달라진다. 자기표현이 목적이라면 책을 읽고 알게 된 사실이나 생각들을 자유롭게 써 내려가면 된다. 쉬울 것 같지만 우리는 자신이 알고 있거나 생각한 것을 제대로 표현하지 못해서 평가절하(平價切下)되는 경우가 많다. 표현은 상대가 나를 평가하는 중요한 요소이기도 하지만 나 자신이 나를 인식하는 수단이기도 하다. 우리는 자신이 어떤 말을 하거나 글을 쓰고 행동을 했을 때 스스로를 기특하게 생각하거나 자부심을 느낀 경험이 있다. 자기표현이 바로 나를 다른 사람에게 그리고 나 자신에게 인식시키는 중요한 수단이기 때문이다. 우리는 이런 자기표현을 잘하기 위해서 더 좋은 환경과 교육에 집착하지만 실제로 표현의 실천에는 여전히 인색하다.

자기표현 능력의 향상을 위해서는 인지한 정보와 느낌과 생각들을 자유롭게 그리고 끊임없이 풀어내는 훈련이 필요하다. 이때 주의할 점은 표현을 세련되게 하려는 노력을 자제해야 한다는 것이다. 글을 처음 쓰면서 문법, 띄어쓰기, 구성에 집착하면 글쓰기가 부담스러워 자신이 잘할 수 있는 표현만을 주로 사용하기 때문에 표현의 범위가 좁아진다. 따라서 표현이 어느 정도 익숙해질 때까지는 자유롭게 끄집어내고 익숙해진 후에 표현을 세련되게 다듬어 가는 것이 중요하다. 글을 예로 들면 자주 글을 쓰면서 인지한 정보와 사고한 결과를 편하게 써 내려가는 것이 먼저고 글에 맵시를 더하는 퇴고는 그다음인 것이다.

인지한 정보와 사고의 구체화가 목적이라면 인지의 대상인 핵심 정보,

구성, 저자의 메시지와 사고의 대상을 표현한다. 물론 처음부터 이렇게 방대한 항목을 다 작성할 필요는 없다. 자신의 수준이나 목적에 맞는 하나의 정보와 하나의 생각을 시작으로 조금씩 써 내려가면 된다. 수강생들 중에는 저자의 도서 요약이나 한 페이지 요약을 시도하는 분들이 종종 있다. 도서 요약이나 한 페이지 요약은 인지력, 사고력, 표현력을 향상시킬 수 있는 효과적인 방법이지만 많은 시간과 노력이 필요한 작업이다. 따라서 우선은 쉬운 표현을 숙달하고 익숙해지면 도서 요약이나 한 페이지 요약과 같은 표현으로 진행하는 것이 좋다.

의사소통이 목적이라면 감성을 자극하는 글이나 생각 또는 감정의 흐름에 대해서 표현하면 된다. 의사소통이 겉으로 보면 논리적일 것 같지만 결국은 이성보다는 감성에 의해 진행되는 경우가 더 많다. 논리성이 필요없다는 것이 아니라 논리성과 더불어 감성적 접근이 의사소통에 중요한 요소로 작용한다는 것이다. 따라서 책이나 영화를 통해서 주인공 또는 자신에게 일어나는 감정을 살피고 표현해 보자. 다른 사람의 감정 변화를 빨리 파악할 수 있다면 의사소통을 더욱 효과적으로 이끌어 갈 수 있다.

가치 있는 정보의 생산이 목적이라면 책에서 얻은 재료를 가지고 다양한 요리를 하면 된다. 즉 책에서 얻은 재료에 다양한 정보를 결합시켜 자신의 이야기를 풀어내는 것이다.

다음은 『스티브 잡스』를 읽고 잡스와 천재, 창의적 결과물, 4차원이라는 소재를 융합해서 글을 쓴 경우다. 짧지만 이런 글들은 반복해서 쓰다 보면 다

천재와 4차원이라고 불리는 사람들의 차이

우리는 스티브 잡스, 에디슨, 아인슈타인을 보고 천재라고 한다. 그런데 그들의 전기를 읽어 보면 반듯한 천재라기보다는 흔히 4차원이라고 불리는 사람들과 비슷한 행동을 하는 경우가 많다. 엉뚱한 생각과 행동으로 사람들을 놀라게 하거나 사람들과 잘 섞이지 못했던 그들이 어떻게 천재로 불리게 되었을까? 그것은 바로 결과의 차이다. 천재와 4차원이라고 불리는 사람들은 비슷한 행동 패턴과 사고방식을 가졌지만 천재들은 탁월한 결과물이 있는 반면 4차원들은 드러낼 만한 결과물이 없다. 탁월한 결과물을 생산하기 위해서는 재료가 되는 정보와 정보를 융합하는 사고 능력이 필요하다. 천재와 4차원들은 공통적으로 창의력을 담당하는 우뇌가 발달되어 있기 때문에 일반인들보다 정보 융합 능력이 뛰어나다. 하지만 4차원들은 일반적인 정보를 융합하는 반면 천재들은 다양하고 깊이 있는 정보를 융합함으로써 탁월한 결과물을 생산했기 때문에 천재로 인정받을 수 있었다. 만약 4차원들에게 다양하고 깊이 있는 정보를 접할 수 있는 기회를 제공하면 어떨까? 아마도 사회적으로 낭비될 수 있었던 인적 자원을 효과적으로 활용함으로써 개인적·사회적 성장의 계기가 될 것이다. 따라서 4차원이라고 불리는 사람들에게 곱지 않은 시선을 보내기 보다는 그들을 인정하는 한편 관심과 기회를 주어야 한다.

양한 소재의 융합을 숙달할 수 있다.

이 외에도 표현의 대상은 아주 다양하기 때문에 자신의 목적에 맞는 대상을 찾아 적극적으로 표현하면 된다. 단 주의해야 할 표현의 대상이 있다면 악의적 평가다. 일부에서는 비판적 사고를 함양한다는 이유로 저자의 사상이나 책의 구성 그리고 내용을 비평한다. 비평은 비평가나 비평가가 되려고 준비하는 사람들에게는 필요한 표현의 대상일 수도 있지만 일반인들에게는 부정적인 사고를 낳게 한다. 따라서 가능하면 생산적인 대상을 찾아 표현 훈련을 하는 것이 더 유익하다.

표현의 방법에는 글쓰기와 말하기가 있다

표현의 방법 : 1. 글쓰기

독후 표현으로 역할극, 그림, 북아트와 같이 활동적인 독후 활동도 많지만 여기서는 대표적 독후 활동인 글쓰기와 토론에 대해서 알아보자.

독서록과 서평은 가장 보편적인 글쓰기다. 주로 책 내용을 간략하게 요약하고 자신의 생각이나 의견 또는 느낌 등을 작성한다. 많은 사람이 이런 보편적인 방법을 사용해 글을 쓰면서 독서의 유익함을 더 할 수 있었다. 하지만 이 방법이 모든 사람에게 적용되기는 쉽지 않다. 글쓰기도 각자의 수준을 고려해서 단계적으로 접근할 필요가 있다.

글쓰기의 가장 간단한 방법은 한 줄 글쓰기다. 책을 읽고 마음에 드는 글귀, 명언, 사례,실천 항목이나 '좋았다, 재미있었다'와 같이 단순한 감정들을 간단히 기록한다. 이렇게 한 줄 쓰기가 익숙해지면 좋은 이유나 글귀에 대한 자신의 생각을 한두 줄 더하면서 글쓰기 분량을 조금씩 늘려 간다.

한 줄 글쓰기를 조금 더 발전시키고 싶다면 책 내용이나 느낌을 한 문장으로 요약하는 훈련을 하면 된다. '리디아가 만든 비밀의 화원, 동화책의 새로운 발견, 글쓰기의 자유로움, 자신의 생각에 따라 달라지는 세상, 이야기가 있는 그림의 매력, 리디아를 위로하고 격려하는 꽃'과 같이 한 문장으로 요약하는 훈련은 창의적 사고를 기르는 데 도움이 된다. 그리고 이렇게 작성된 한 줄은 또 다른 글쓰기의 주제가 되기도 한다.

번호	일시	00년 00월 00일	제목	리디아의 정원	저자	사라 스튜어트	분류	동화
1				꽃을 좋아하는 빨간 머리 앤				

흔히 사용하는 방법으로는 베껴 쓰기가 있다. 베껴 쓰기는 책에서 중요하다고 생각되거나 좋은 내용들을 옮겨 적는 것을 말한다. 분량은 개인적으로 차이가 많지만 보통 10쪽 내외이다. 이렇게 베껴 쓰기 한 것을 다시 읽어 보면 책을 이해하는 데 많은 도움이 된다.

다음은 단락 쓰기다. 단락 쓰기는 독서를 한 후 책 내용이나 자신의 느낌을 주제 중심으로 대략 5~10줄로 작성하는 것이다. 이때 중요한 것은 주제의 선정이다. 주제는 글의 중심과 방향을 잡아주기 때문에 글이 산만해지는 것을 예방하고 전달하는 메시지를 명확하게 해준다. 물론 처음에는 주제와 동떨어진 글을 쓰거나 앞뒤가 맞지 않는 글을 쓰기도 한다. 하지만 훈련이 거듭되면 주제를 중심으로 글을 쓰는 것이 어렵지 않다. 그렇다고 주제에 묶여 제한적으로 글을 쓸 필요는 없다. 글이 다른 방향으로 진행되면 과감하게 주제를 바꾸면 된다. 주제는 당신의 글을 속박하기 위한 도구가 아니라 글의 통일성을 위한 수단일 뿐이기 때문이다.

글이 산만해지는 또 하나의 이유는 논리성, 즉 구성이 부족하기 때문이다. 가장 보편적인 구성은 서론 – 본론 – 결론으로 서론에서 문제를 제기하고 본론에서 문제에 대한 설명이나 대안을 제시한다. 그리고 결론에서는 본론을 요약하며 저자의 메시지를 전달하게 된다. 나는 다음 예문에서 보듯이 인지 – 사고 – 결론의 구성을 주로 사용한다. 인지는 생각의 재료가 되는 정보를 말하고 사고는 인지한 정보를 재료로 생각한 결과를 말한다. 그리고 결론은 사고를 요약하면서 다짐이나 계획 등을 기록한 것이다. 이러한 구성들은 글을 체계적으로 만들어 글의 흐름을 부드럽게 하고 이해를 쉽게 한다.

『리디아의 정원』을 읽고

주제 : 삶의 시각에 따라 세상은 달라진다.

인지 : 대부분의 사람은 역경을 겪으면서 꿈도 잃고 희망도 잃어간

다. 하지만 리디아는 그 역경 속에서도 자신의 꿈을 잃지 않고 성장시켰다.

사고 : 사람들은 살아가면서 다양한 역경을 만난다. 그런데 누군가는 그 역경을 통해서 꿈과 희망을 잃어가고 누군가는 자신의 꿈을 만들어 간다. 우리가 꿈을 잃어버리는 원인이 어쩌면 역경이 아니라 이를 대하는 우리의 태도 때문이라는 생각을 해본다. 역경을 걸림돌이라고 생각하면 넘어질 수 있지만 이를 꿈을 만들어 가는 과정이라고 생각한다면 역경을 더욱 긍정적으로 바로 볼 수 있을 것이다.

결론 : 이제부터라도 나에게 오는 역경을 인생의 돌부리가 아니라 내가 성장하는 단계에서 만나는 다양한 경험이라고 생각하자. 그러면 역경에 처할 때마다 더욱 긍정적인 마음으로 극복할 수 있을 것 같다.

마지막으로 콘텐츠 제작이다. 콘텐츠라고 해서 너무 거창하게 생각할 필요는 없다. 개인적으로 작성한 서평이나 독서록을 퇴고해서 블로그나 카페에 올리는 것도 하나의 콘텐츠가 된다. 물론 조금 더 독창적이고 훈련이 가능한 형태로 만들 수도 있다. 저자가 활용하는 도서 요약과 한 페이지 요약이 이런 목적으로 만들어진 콘텐츠다.

도서 요약은 베껴 쓰기에서 진화한 글쓰기로서 구성 훈련과 함께 글을 다루는 기술을 훈련할 수 있다. 도서 요약을 작성하는 방법은 첫째, 저자의 메시지를 작성한다. 저자의 메시지는 앞으로 저자가 이야기할 핵심을 파악하는 데 도움을 주고 다음 단계인 베껴 쓰기를 할 내용과 버릴 내용을 구분하는 중요한 기준이 된다. 저자의 메시지는 머리말, 목차, 책 표지에서 제공하는 정보를 바탕으로 가벼운 마음으로 선정한다. 그리고 책을 읽으며 다양한 정보를 통해서 메시지를 구체화한다. 막연하게 책을 읽기보다 스키마를 바탕으로 저자의 메시지를 선정하고 이를 확인 또는 검증하면서 책을 읽으면 이전보다 효과적인 독서를 할 수 있다.

둘째, 저자의 메시지를 직접적으로 설명하는 핵심 정보를 베껴 쓴다. 책을 읽다 보면 중요한 문장이나 이야기들이 많지만 이런 내용을 모두 베껴 쓸 수는 없다. 그래서 저자의 메시지를 기준으로 필요한 정보를 선별한다. 즉 200쪽이 넘는 책에서 저자의 메시지와 관계있는 내용은 베껴 쓰고 관계성이 부족한 정보들은 버리는 것이다. 이 작업이 쉬우면서도 어려운 이유는 베껴 쓰고 싶은 내용이 너무 많기 때문이다.

셋째, 베껴 쓰기를 한 내용들을 주제에 따라 분류하고 재구성한다. 베껴 쓴 내용이 책의 핵심 내용이지만 어떻게 보면 단순한 정보의 나열일 뿐이다. 이 낱개의 정보들을 가치 있게 만들기 위해서는 주제에 따라 분류하고 재구성하는 작업이 필요하다. 목차에 따라 분류하기도 하지만 자신이 가장 잘 이해하고 기억할 수 있는 구조로 주제를 선정하고 주제에 맞게 베껴 쓴 정보들을 분류하고 재구성한다. 이렇게 정리된 글은 단락의 주제만 읽어봐도 전체적인 글의 흐름과 내용을 파악할 수 있다.

넷째, 저자의 메시지를 구체화하고 퇴고한다. 요약된 내용을 바탕으로 기존에 대략적으로 작성된 저자의 메시지를 구체화한다. 그리고 짜깁기 된 글의 주어, 서술어, 접속사 등을 다듬어 하나의 자연스러운 글이 되도록 퇴고한다. 이때 개인적 의견이 들어가지 않도록 주의하고 원문이 가진 의미를 훼손하지 않도록 퇴고해야 한다.

다섯째, 생각 나누기를 작성한다. 앞에서는 요약이기 때문에 책 중심으로 요약하고 개인적 의견이 들어가지 않도록 주의했다면 여기서는 자신이 하고 싶은 이야기를 마음껏 하면 된다. 책을 통해서 얻은 지식에 자신이 가진 지식을 연결하고 구성해서 자신만의 이야기를 풀어내는 것이다.

이런 과정으로 탄생한 도서 요약은 책에 대한 이해와 저자와의 소통 그리고 개인적 글쓰기에 많은 도움이 된다. 자세한 작성 방법과 도서 요약 샘플은 『독서 혁명』을 참고하자.

도서 요약은 통상 초안 A4 10장에 완성본 5장 분량으로 만들어지는 데 많은 시간이 소요된다. 그래서 간단하면서도 효과적인 방법을 모색하다가 만들어진 것이 '한 페이지 요약'이다. 한 페이지 요약은 말 그대로 한 페이지에 책의 핵심 정보와 저자의 메시지를 도형을 이용해서 시각화한 것이다.

한 페이지 요약을 만드는 방법은 책에서 추출한 핵심 정보를 관계성에 따라 분류하고 구성하는 것이다. 그리고 시각적으로 인지하기 쉽도록 도형과 핵심 정보를 배열하면 된다. 분량의 한계로 많은 것을 담기가 쉽지 않기 때문에 하위 개념의 정보들을 상위 개념으로 묶고 가장 핵심적인 정보를 선별하는 데 많은 고민을 해야 한다. 하지만 그만큼 사고력을 계발하는 데 효과적이다.

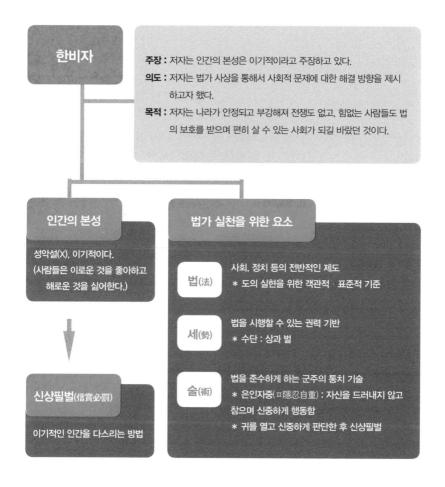

저자의 메시지는 도서 요약과 같이 저자의 주장, 의도, 목적으로 분류해서 작성한다. 주장은 책을 쓰게 된 생각의 시발점, 의도는 책을 통해서 전하고자 하는 주된 내용 그리고 목적은 책을 통해 정보를 제공함으로써 저자가 얻고자 하는 결과 또는 기대치를 말한다. 저자의 메시지를 이렇게 세 가지로 분리하는 것은 사고를 세분화하기 위해서다. 이런 한 페이지 요약 샘플은 네이버 '독서전략연구소' 사이트에서 다양하게 만날 수 있다.

만약 당신이 글쓰기를 중점적으로 계발하고 싶다면 '도서 요약'이 효과적이고, 짧은 시간에 사고력을 계발하고 싶다면 '한 페이지 요약'이 효과적이다. 이 외에도 시중에 다양한 콘텐츠들이 나와 있으니 자신의 목적과 스타일에 맞는 콘텐츠를 찾아서 만들어 보자. 제작과정에서 책을 이해하고 저자와 소통하는 등의 다양한 유익함과 만날 수 있다. 그리고 운이 좋으면 콘텐츠가 당신에게 새로운 기회를 만들어 줄 수도 있을 것이다.

표현의 방법 : 2. 토론(말하기)

사람들에게 표현 방법으로 말하기와 글쓰기 두 가지 중에서 선택하라면 대부분 말하기를 택한다. 의사소통으로 말을 주로 사용하기 때문에 말을 더 쉽게 생각하기 때문이다. 그렇다면 사람들에게 책을 읽고 인지한 내용이나 자신이 느끼고 깨달은 내용을 이야기하도록 주문하면 어떨까? 어색해하며 이야길 못하거나 인지한 내용을 단순히 나열하거나 "재미있었다, 감동적이었다"와 같은 단순한 느낌만을 늘어놓는 경우가 대부분이다.

우리는 말하기를 쉽게 생각하고 쉽게 말을 한다. 하지만 책 내용이나 자신의 생각을 이야기하는 것은 쉽지 않다. 이런 말하기는 일상 대화와는 달리 전달하는 말에 구체적인 정보를 담아야하기 때문이다. 그래서 이런 과정에 익숙하지 않은 사람들은 즉흥적이고 단편적인 단어에 자신의 생각을 담는 것이다. 따라서 우리는 자신이 인지한 내용 또는 자신의 생각이나 느낌을 나누는 과정을 통해서 생각하고 말하는 능력을 길러야 한다.

말을 잘하는 방법은 글쓰기와 비슷한데 구체적인 내용은 다음과 같다. 첫째, 다수의 사람 앞에서 이야기하는 것에 익숙해져야 한다. 이를 위해서는 학교 수업이나 각종 모임에서 간단한 내용이라도 적극적으로 답변하고 질문한다. 즉 선생님이 무언가를 물어보면 크게 대답하고 궁금한 것을 찾아서 질문을 하는 것만으로도 충분히 도움이 된다. 그리고 발표할 기회가 있으면 자신 있게 자신의 생각을 이야기하면 된다. 하지만 대부분의 사람은 다른 사람의 눈을 의식하거나 자신이 없다는 이유로 이런 좋은 기회를 그냥 흘려 버린다. 나는 수업 중에 학생들에게 많은 질문을 던지고 답을 요구한다. 물론 그들에게 답을 요구하는 것이 아니라 사고의 작동과 말하기 훈련이 목적이다. 학생들은 처음에는 부담스러워하지만 시간이 지나면 서로 대화하듯이 자연스러워진다.

둘째, 자신이 아는 정보나 생각을 말에 담아야 한다. 사람들에게 자신의 이야기에 본인이 전달하고자 한 내용을 다 담았는지 물어보면 '그렇다'고 자신 있게 말하는 이가 드물다. 어떤 경우는 자신의 표현이 본의 아니게 오해를 부르기도 한다. 이야기를 할 때는 주제를 중심으로 생각하고 말을 해야 하지만 우리는 종종 주제를 벗어나 옆길로 새버린다. 이럴 때는 하던 이야기를 최대한 빨리 정리하고 원래의 주제로 돌아와서 결론을 잘 마무리하면 된다. 대부분의 사람은 이야기의 처음과 중간보다는 끝 부분만을 기억하기 때문이다. 이야기를 중구난방(衆口難防)으로 했더라도 결론을 잘 정리해서 주제에 맞게 마무리를 하면 당신이 전달하고자 하는 메시지를 상대에게 제대로 전달할 수 있다. 반대로 서론과 본론은 잘 이야기했지만 결론이 흐지부지되면 상대는 당신이 전달하고자 하는 내용을 파악하기 어렵다. 결국 당신이 전달하고자 하는 내용을 파악하지 못하거나 왜곡해서 받아들이는 불상사가 발생할 수도 있다. 따라서 이야기를 할 때 주제나 목적을 잘 보이는 곳에 메모해두거나 생각을 하면서 이야기한다. 그리고 결론을 맺을 때는 주제와 내용을 한 두 문장으로 정리해서 마무리하면 이야기를 더욱 효과적으로 전달할 수 있다.

셋째, 상대가 원하는 정보를 제공하고 적절한 미사여구를 사용한다. 사람들의 이야기를 들어보면 대부분 자신이 하고 싶은 이야기만을 일방적으로 쏟아내는 경우가 많다. 이런 모습은 말하기 훈련을 시작할 때는 긍정적이다. 하지만 어느 정도 말하기가 익숙해지면 표현에 가치를 더할 필요가 있다. 즉 발표자 개인만이 만족하는 표현에서 듣는 사람들까지 만족시킬 수 있는 표현을 해야 한다. 이를 위해서는 상대의 니즈(needs)에 맞춰서 정보의 질과 순서 그리고 주제를 결정하고 적절한 미사여구를 통해서 상대의 상상력을 불러 일으킬 수 있어야 한다. 이런 표현이 가능해지면 당신의 말에 사람들은 귀를 쫑긋 세우고 집중할 것이다. 이때 과도한 미사여구는 내용을 왜곡하거나 주제를 산만하게 할 수 있기 때문에 적절한 양의 미사여구를 사용해야 한다.

혼자서도 말하기 연습을 충분히 할 수 있지만 어렵다면 독서 토론에 참여해 보는 것도 좋은 방법이다. 독서 토론은 대표적인 독후 활동으로서 같은 책을 읽은 사람들이 모여서 책에 대한 소감이나 관련 내용을 나누는 활동이다. 사실 토론은 '어떤 문제에 대해서 여러 사람이 각자의 의견을 말하며 논의함'이라는 의미를 가지고 있고, 토의는 '어떤 문제에 대해서 검토하고 협의함'이라는 의미를 가지고 있다. 두 가지의 의미가 비슷해 보이지만 토론은 서로 상반되는 의견을 논리적으로 주장함으로써 자신의 의견을 강요하는 반면 토의는 자유로운 이야기를 통해서 더 나은 결과를 찾는다는 점이 다르다. 우리는 책을 읽고 저자의 생각 또는 주인공의 행동에 대해서 찬반으로 나누어 토론을 하기도 하지만 대부분 책에 대한 자신의 생각을 자연스럽게 나누는 경우가 많다. 이런 경우는 솔직히 독서 토론이라기보다는 독서 토의라고 말하는 것이 맞지만 대부분 독서 토론을 보통명사처럼 사용하고 있다.

독서 토론은 말하기뿐만 아니라 개인과 조직 모두에게 아주 유익한 활동이다. 먼저 개인에게는 독서의 기회를 제공한다. 개인이 혼자서 독서를 지속하기란 쉽지 않지만 독서 모임에 소속되면 정기적으로 몇 권의 책을 읽을 수 있다. 또한 다양한 책을 읽을 수 있다. 대부분의 사람은 자신이 좋아하는 분야의 책만 편독하는 경우가 많다. 그런데 모임에 소속되면 자신이 쉽게 접하기 어려운 분야의 책을 읽을 기회가 생긴다. 이 외에도 지식이나 기술의 습득으로 자기계발의 기회를 가질 수 있다.

조직에서 보면 독서 모임은 기업의 가치와 비전을 공유하게 한다. 대부분의 기업은 기업 철학이라는 것을 직원들에게 교육한다. 이때 기업 철학이 담긴 책을 선정하면 직원들에게 기업의 가치와 비전에 대한 교육을 간접적으로 시킬 수 있다. 또한 직원들의 능력 향상에도 도움이 된다. 직원들이 독서 모임을 통해서 지식 수준이 높아지고 사고 능력이 향상되면 창조적인 결과물을 생산할 가능성이 높아진다. 이는 곧 기업의 생산성 확대 또는 효율성의 극대화를 통해 경쟁력으로 이어질 수 있다. 이처럼 독서 토론은 개인과 조직 모두에게 유익하다.

이렇게 유익한 독서 모임이 도서관, 학교, 공공 기관, 회사를 비롯한 다양한 조직에서 진행되고 있지만 모임의 수에 비해서 질적으로 아쉬운 점이 많다. 그 이유에는 몇 가지가 있는데 가장 큰 것은 운영 노하우의 부족이다. 독서 모임은 대부분 책을 좋아하는 사람들이 모여서 시작하지만 그들이 독서 모임 운영이나 독서 기술에 대한 지식이 있는 경우는 드물다. 그러다 보니 보편적으로 한 명이 책에 대한 요약과 발제를 담당하고 나머지 사람들이 발표자의 발표 내용이나 자신이 책을 읽은 소감 등을 이야기하며 모임을 진행한다. 물론 이렇게만 해도 충분히 독서의 유익함을 더 할 수 있다. 하지만 대개 모임을 운영하다 보면 책의 선택과 발표자의 선정 그리고 진행과정에서 다양한 문제를 만나게 된다. 이럴 때 모임이 엉뚱한 방향으로 흐르지 않도록 기준을 잡아줄 수 있는 누군가가 있어야 한다. 만약 이런 문제가 반복되면 독서보다 친목 위주의 모임으로 전환되거나 모임이 흐지부지될 수도 있다.

몇 년 전 모 공공 기관에서 독서 모임을 새롭게 만든다고 해서 독서 모임의 운영을 주제로 강의를 한 적이 있었다. 몇 번의 독서 토론을 전문가와 함께 진행하면서 운영 노하우를 습득한 후에 독자적으로 진행할 것을 권했지만 그 기관은 예산을 이유로 자체적으로 진행하기로 했다. 물론 독서 모임은 흐지부지되며 유명무실(有名無實)하게 되었다고 한다.

다음은 완독의 강요다. 어떤 독서 모임에서는 회칙으로 책을 읽지 않는 사람은 모임에 참여하지 못하도록 명시하고 있다. 독서 모임에 참여하기 위해서 책을 읽어오는 것은 아주 기본적인 예의지만 가장 부담스러운 부분이기도 하다. 본의 아니게 읽지 못해 모임에 1~2번 빠지게 되면 결국 모임을 떠나게 된다. 그래서 저자가 운영하는 독서 모임에서는 완독을 강요하지 않는다. 완독이 최선이지만 차선으로 요약이나 발췌독을 허용하고 있다. 또한 책을 읽지 않아도 참석을 할 수 있다. 다른 사람의 이야기를 듣다보면 책 내용에 대해서 대략적인 내용을 파악할 수 있고 그 내용에 대해서 자신의 생각을 이야기 할 수 있다. 물론 이야기의 깊이가 부족하고 핵심을 비켜가는 경우도 있지만 함께 생각을 나누고 키워 나간다는 목적에서 보면 크게 문제되지 않는다.

마지막으로 피드백의 부족이다. 책을 읽고 내용이나 생각을 나누면 사고력과 발표력을 향상시킬 수 있다. 그리고 다른 사람의 이야기에 귀 기울이면 책을 다른 각도에서 볼 수 있는 눈과 사고력을 향상시킬 수 있다. 이는 독서 모임에서 얻을 수 있는 보편적인 유익함이지만 시간이 지나면 비슷한 수준에서 나올 수 있는 정보가 한계에 이르게 된다. 결국 비슷한 이야기가 반복되고 새로울 것이 없게 되면 모임을 유지하기가 쉽지 않다. 이를 예방하기 위해서는 적절한 질문과 피드백을 통해서 회원들에게 새로운 자극과 정보를 지속적으로 줄 수 있어야 한다.

다음은 저자가 운영하는 독서 모임에서의 사례다.

"저는 평소에 극단적으로 행동하는 경우가 있었는데 이번에 『중용』을 읽고 삶에 여유를 가지고 한곳으로 치우치지 않도록 생각하고 행동해 보려 합니다."

"한쪽으로 치우치지 않고 중간이란 기준을 잡으려면 어떻게 해야 할까요?

"……"

"사람들은 대부분 자신은 한쪽으로 치우치지 않았다고 하지만 제3자가 보면 한쪽으로 치우친 경우가 많습니다. 이는 양극단을 모르는 상태에서 자신만의 생각으로 기준을 잡기 때문입니다. 따라서 한쪽으로 치우치지 않고 기준을 잡기 위해서는 양극단을 모두 아는 것이 중요합니다."

이처럼 질문을 던져 발표자의 생각을 깊고 넓게 할 수 있도록 유도하고 필요한 정보를 제공할 수 있어야 한다.

독서 모임을 운영하기 위해서는 나름의 준비와 노력이 필요하지만 그렇다고 너무 어렵게 생각할 필요는 없다. 모르기 때문에 어렵게 느껴질 뿐 누구나 쉽게 배울 수 있고 누구나 모임을 진행할 수 있다. 독서 모임 진행에 관심이 있는 분들은 저자가 직접 진행하는 모임에 놀러 와도 좋다. 6년 이상 된 모임으로 동대문 도서관에서 매달 네 번째 토요일 오후에 진행하고 있다.

일기로 표현을 가속한다

표현을 잘 하기 위해서는 매일 연습을 해야 하지만 표현의 주제와 방법을 생각하면 한없이 어렵게만 느껴진다. 그런데 그 해결 방법이 의외로 간단하다. 바로 일기다. 일기는 하루 일과나 중요한 사건을 기록하고 자신이 느끼고 생각한 내용을 담은 결과물이다. 일기의 다양한 내용은 표현의 주제가 된다. 그런데 많은 사람이 항상 반복된 일상에 쓸 내용이 없다며 투덜거린다. 정말 그럴까? 매일 반복되는 일상이지만 우리의 감정은 기쁠 때도 있고, 짜증날 때도 있고, 화가 날 때도 있다. 그리고 그날의 날씨와 만나는 사람에 따라 우리의 감정과 생각은 무수히 많은 변화를 일으킨다. 누구나 다람쥐 쳇바퀴 같은 삶을 살지만 그 속에서 일어나는 감정과 생각들을 잘 살펴보면 수많은 이야깃거리를 찾을 수 있다.

일기를 쓸 때는 자기 독백이나 사실 기록을 중심으로 쓰는 경우가 많은데 형식은 중요하지 않다. 그림, 산문, 시, 편지 등과 같이 자신이 알고 있거나 생각한 것을 잘 표현할 수 있는 방법을 선택하면 된다. 물론 자신의 목적에 맞는 주제나 형식을 선택하면 더욱 효과적인 결과를 얻을 수 있다. 그래서 나는 책 내용이나 독후 소감을 글과 도형을 이용해서 작성하는 반면 우리 아이들은 시와 그림 그리고 산문을 활용해서 자유롭게 일기를 쓴다.

일기를 매일 쓰면 표현 훈련에 많은 도움이 되지만 매일이라는 단어는 누구에게나 부담스럽다. 이런 경우 무리해서 쓰기보다는 일주일에 1~2번을 쓰면서 익숙해질 때마다 횟수를 늘려가는 것이 좋다. 단, 적은 횟수라도 꾸준히 쓸 수 있도록 관리해야 한다. 그렇지 않으면 한참 동안 작성하지 않게 되고 결국 일기 쓰기를 포기하게 되는 경우가 생길 수 있다. 일기 쓰는 습관은 어릴 적부터 만들어 주는 것이 좋지만 현실은 쉽지 않다.

고등학생인 큰 아이와 초등학교 고학년인 작은 아이는 유치원 때부터 일기 쓰기를 시작해서 지금도 거의 매일 일기를 쓰고 있다. 하지만 한때는 학교에서 검사도 안 하고 다른 아이들은 쓰지도 않는 일기를 매일 쓰도록 하는 것에 대해서 거세게 항의를 한 적도 있었다. 나름 타이르고 설득하고 협박을 한 결과 이제는 일기를 매일 써야 하는 것으로 받아들이게 되었다. 하지만 여전히 일기 쓰기를 챙겨 주어야 하는 수고는 계속되고 있다. 아이들은 지도하고 관리만 잘하면 충분히 일기 쓰는 습관을 만들 수 있다. 하지만 청소년이나 어른들은 지도하거나 관리해 주는 사람이 없기 때문에 스스로 강한 의지나 동기가 없으면 습관을 만들기 어렵다.

강의를 마치고 나면 질문을 받는데 가끔 사고력과 표현력을 향상시키기 위해서 쉽게 실천할 수 있는 활동 한 가지를 추천해 달라는 경우가 있다. 나는 이럴 때마다 일기 쓰기를 권한다. 그런데 너무 쉽고 뻔한 이야기라서 그런지 사람들의 반응이 시큰둥하다. 차라리 '도서 요약이'나 '한 페이지 요약'을 작성해야 한다고 입에 거품을 물며 이야기해야 했을까? 물론 도서 요약이나 한 페이지 요약이 사고력과 표현력을 정교하게 훈련할 수 있는 훌륭한 도구지만 쉽게 실천할 수 있는 기술이 아니다. 그래서 나는 누구나 쉽게 실천할 수 있는 일기를 권하는 것이다.

아나운서이면서 작가로 활동하고 있는 손미나 씨가 소설가 '알랭 드 보통'에게 글 잘 쓰는 방법을 진지하게 물은 적이 있었다. '알랭 드 보통'은 아주 쉽다며 그 방법으로 일기 쓰기를 권했다. 열다섯 살 때부터 일기를 썼던 손미나 씨는 덕분에 자신감을 가지게 되었고 결국 아나운서에 이어서 작가로도 활동하게 되었다고 한다.

여러분이 사고력과 표현력을 향상시키고 싶거나 글을 잘 쓰고 싶다면 일기부터 써라. 특히 가까운 미래에 자신의 책을 쓸 생각이 있다면 일기는 선택이 아니라 필수과정이다. 이런 쉬운 방법을 두고 너무 먼 곳에서 답을 찾는 실수를 범하지 않기를 바란다.

나비효과는 당신으로부터 시작될 수 있다

먼저 쉽지 않은 책을 끝까지 읽어 준 당신에게 감사의 마음을 전하고 싶다. 노래는 들어 주는 사람이 있어야 하고 책은 읽어 주는 사람이 있어야 가치가 생긴다. 그래서 길에서나 지하철에서 내 책을 읽는 사람을 보면 정말 멋져 보인다. 조금 더 고마운 경우는 필자도 사람이다 보니 긍정적인 피드백을 해 주는 경우다. 늘 좋은 이야기를 듣지는 못하지만 온·오프라인에서 만나는 긍정적인 피드백은 보람과 힘이 된다. 하지만 정말 고마운 경우는 내 책을 통해서 당신의 삶이 구체적인 변화를 만들어 갈 때다. 저자들이 책을 내면서 자신이 아는 내용을 단순히 알리기 위해서 출판하는 경우는 드물다. 그들은 자신의 이야기가 사람들에게 긍정적인 영향을 미쳐서 작게는 한 개인에서부터 크게는 세상이 더 나아지길 바라는 마음으로 책을 낸다.

나도 그렇다. 내 책이 당신의 고정관념을 뒤흔들고 당신만의 독서법을 찾는 계기가 되었으면 좋겠다. 그래서 책을 통해서 당신이 원하는 변화를 만들어가길 기대해 본다. 만약 당신이 나를 만났을 때 내 책에서 시작된 작은 변화가 당신 삶의 구체적인 변화로 이어진 이야기를 들려준다면 나는 기쁜 마음으로 당신에게 식사를 대접할 것이다.

나는 아주 평범하다. 하지만 내 꿈은 평범하지 않다. 내 작은 꿈은 '조국 통일과 세계 평화'다. 그리고 큰 꿈은 '인류의 진화'다. 평범한 보통 사람이 실현하기에는 쉽지 않은 꿈일 수도 있다. 하지만 나는 내 수준과 능력 범위 안에서 내가 할 수 있는 일을 하고 있다. 바로 독서와 사고다. 나는 독서와 사고에 대한 정보를 제공함으로써 많은 사람이 성장할 수 있도록 돕는다. 그래서 사람들의 지식과 사고 능력의 향상으로 우리가 처한 문제를 창의적이고 긍정적인 결과물을 이용해 슬기롭게 해결되기를 바라고 있다. 물론 그 꿈이 우리 세대에서 실현될지 다음 세대에서 실현될지는 누구도 장담할 수 없다. 하지만 나는 『열자(列子)』「탕문」편(湯問篇)에 나오는 우공이산(愚公移山)의 주인공처럼 큰 산을 조금씩 옮긴다는 마음으로 책을 쓰고 강의를 하고 있다.

물론 우리가 만들어 내는 변화가 솔직히 보잘 것 없을 수도 있다. 하지만 이런 작은 변화들이 모이면 어떻게 될까? '나비효과'처럼 당신이 만들어 낸 작은 변화가 태풍과도 같은 변화로 이어지지 않을 것이라고 누가 장담할 수 있을까? 그래서 우리의 작은 변화가 중요한 것이다. 나의 날개짓 또는 당신의 날개짓이 태풍과도 같은 변화의 시발점이 될 수 있기 때문이다. 끝으로 성경의 〈욥기 8장 7절〉을 인용하며 나와 당신의 변화를 응원한다.

"네 시작은 미약하였으나 네 나중은 심히 창대하리라"

학교에서 독서 관련 활동이 이전보다 늘어난 것은 사실이지만 체계적이라고 할 수는 없었습니다. 가장 큰 이유는 교사들조차 독서를 체계적으로 배우질 못했기 때문이죠. 이 책은 이런 현실을 보완할 수 있을 뿐만 아니라 각 개인의 성장을 이끄는 데도 많은 도움이 될 것입니다.

— 38년간 교직 생활을 한 교사 곽대영

독서는 개인과 조직의 성장에 꼭 필요한 요소지만 긴 기다림을 요구하는 과정입니다. 그러나 단순히 인내만으로 기다리기에는 어려움이 많지요. 그렇다면 곽동우 독서 운동가의 『탄탄한 독서력』에서 독서의 구체적인 목적과 방법을 만나보면 어떨까요?

— (사) 한국작은도서관협회 사무총장 정기원

『탄탄한 독서력』을 읽으며 '혹시 내가 대식가형 독서가는 아니었을까'라는 질문을 던져 봅니다. 그리고 책을 좋아해서, 많이 읽으면 도움이 될 것만 같아서 읽었던 책들을 떠올려 봅니다. 이제는 변화와 성장을 위한 건강한 독서를 해야 할 것 같습니다. 여러분들도 곽동우 소장과 함께 건강한 독서를 시작해 보세요.

— 동두천 시장 오세창

시대와 사회의 리더에게 독서와 사색은 중요한 요소입니다. 물론 현실에서 책을 가까이 한다는 것이 생각만큼 쉽지는 않죠. 하지만 우리는 진정한 리더가 되기 위해서 책을 가까이 해야 합니다. 혼자서 쉽지 않다면 곽동우 소장과 함께하길 권합니다.

— ROTC 동기회 회장 김교순

읽고 사고하고 표현하는 능력을 키워주는

탄탄한 독서력

초판 1쇄 발행 2016년 8월 10일
초판 2쇄 발행 2016년 10월 30일

지은이 곽동우

펴낸이 민혜영
펴낸곳 카시오페아
주소 서울시 마포구 월드컵북로 400 문화콘텐츠센터 5층 출판지식창업보육센터 8호
전화 070-4233-6533 | **팩스** 070-4156-6533
홈페이지 www.cassiopeiabook.com | **전자우편** cassiopeiabook@gmail.com
출판등록 2012년 12월 27일 제385-2012-000069호
디자인 WooJin(宇珍)

ISBN 979-11-85952-52-9 03190